Mediterran & Leicht

★★★★★

Sind Sie mit diesem Titel zufrieden? Dann würden wir uns über Ihre Weiterempfehlung freuen. Erzählen Sie es im Freundeskreis, berichten Sie Ihrem Buchhändler oder bewerten Sie beim Onlinekauf. Und wenn Sie Kritik, Korrekturen, Aktualisierungen haben, freuen wir uns über Ihre Nachricht an:

Christian Verlag
Postfach 40 02 09
D-80702 München
oder per E-Mail an: lektorat@verlagshaus.de

Unser komplettes Programm finden Sie unter

www.christian-verlag.de

Produktmanagement: Annemarie Heinel
Textredaktion: Doreen Köstler
Korrektur: Susanne Langer
Layout und Satz: Fred Feuerstein, Wigel
Umschlaggestaltung: Werbeagentur Zero, München, unter Verwendung eines Fotos von Rafael Pranschke
Repro: Repro Ludwig, Zell am See
Herstellung: Barbara Uhlig

Text und Rezepte: Rafael Pranschke
Fotografie: Rafael Pranschke
Foodstyling: Sylvia Hartmann
Fotoassistenz: Lukas Kotremba

Printed in Slovenia by Florjancic

Die Deutsche Nationalbibliothek verzeichnet diese Publikation in der Deutschen Nationalbibliografie; detaillierte bibliografische Daten sind im Internet über http://dnb.d-nb.de abrufbar.

ISBN 978-3-95961-004-9

Wenn Ihnen dieses Buch gefällt, empfehle ich auch »Salz & Pfeffer«, »Fast & Food«, »Fondue & Co.« und »Die Mallorca-Diät« aus dem Christian Verlag.
Ihr Rafael Pranschke

Mediterran & Leicht

70 frische Rezepte
aus der Mittelmeerküche

CHRISTIAN

Inhalt

Vorwort

Die meisten von uns verbinden mit Mittelmeer strahlende Sonne, leuchtend blaues Meer und Urlaubserinnerungen im großen Umfang. Doch vor allem auch die kulinarische Bandbreite ist hier so vielfältig wie die verschiedenen Länder am Mittelmeer. So hat jede Region zum Beispiel ihr eigenes spezielles Olivenöl, welches fast alle Speisen veredelt und auf ganz typische Weise würzt.

Die mediterrane Ernährung ist gleichzeitig bekannt für ihre gesunde, unverfälschte Küche mit reichhaltigen Aromen – und das alles bei einer stets einfachen und schnellen Zubereitung. Mit mehr als 70 Rezepten ist die Zusammenstellung in diesem Buch eine »Best-of-Sammlung« der Mittelmeerküche. Die Gerichte sind zugleich raffiniert, aber einfach, reichhaltig, aber leicht, mit trendigen Aromakombinationen, aber ganz typisch, und natürlich unglaublich lecker. Auf dieser Basis und mit vielen einheimischen Gemüsesorten, Fleisch, Fisch und Meeresfrüchten erinnern die Rezepte stets an Urlaub, Sonne und Strand.

Smoothies aus Früchten und Gemüse für einen gesunden und leichten Start in den Tag eröffnen im Frühstückskapitel. Antipasti, Tapas, Salate, Reis und Pasta bilden den Übergang zu raffinierten Fisch- und Fleischgerichten. Mit Tiramisu, Ricottacreme und einem köstlichen Orangencarpaccio steht auch der süßen Sünde nichts im Wege.

Aber auch die klassischen Rezepte der jeweiligen Länder dürfen fehlen. Eine geschmorte Lammkeule mit Zaziki entführt uns beispielsweise nach Griechenland, die scharfe Chorizo nach Spanien und Risotto unweigerlich nach Italien.

Zaubern Sie so mit einfachen Zutaten für sich, ihre Gäste und ihre Lieben köstliche und unwiderstehliche Speisen mit mediterranem Feeling. Dieses Buch ist ein Buch für die Alltagsküche, eines für gesellige Abende und vor allem eines für Menschen, die gerne gesund, gut und bewusst essen. Und zum Abschluss gönnt man sich eine hausgemachte Sangria und stößt auf den gelungenen Abend an.

Ich wünsche Ihnen viel Spaß und Erfolg beim Nachkochen!

Rafael Pranschke

Mediterran genießen mit allen Sinnen

Das Mittelmeer – das ist für uns strahlende Sonne, leuchtend blaues Meer, feinsandiger Strand und entspannter Urlaub, das ist sonnengereiftes Obst, farbenprächtiges Gemüse, fangfrischer Fisch und laue Sommerabende an einer reich gedeckten Tafel auf der Terrasse. Die kulinarischen Freuden sind hier so vielfältig wie die Landschaften, die sich an den Küsten des Mittelmeeres erstrecken.

Man braucht nicht viel, um glücklich zu sein!
Das Mittelmeer ist das kleinste der drei Meere des Atlantiks zwischen Südeuropa, Nordafrika und Westasien. Italien, Slowenien, Kroatien, Albanien, Griechenland, die Türkei und Zypern, der Libanon, Israel, Ägypten, Libyen, Tunesien, Algerien und Marokko, Portugal, Spanien und Frankreich ebenso wie viele Inseln und Inselgruppen, etwa Sardinien, Korsika, Zypern oder Kreta, zählen zur Region. Liebliche Buchten, große Hafenstädte, Touristenstrände, schroffe Felsen, wüstenartige Landschaften und üppige Vegetation auf fruchtbaren Böden wechseln sich ab. Die stark gegliederten Küsten weisen recht unterschiedliche Landschaftsformen auf, überwiegend trocken-heiße Sommer und mild-feuchte Winter bestimmen das Klima.

So unterschiedlich die Sprachen, Kulturen, Gepflogenheiten und Landesküchen der Anrainer auch sind, vieles verbindet sie: eine traditionsreiche Genusskultur und die Wertschätzung eines guten Essens, in Ruhe und möglichst im Kreis von Familie und Freunden eingenommen. Lebensweise und Mahlzeiten werden im Mittelmeerraum den klimatischen Verhältnissen angepasst: Morgens genügt ein guter Kaffee wie zum Beispiel ein Espresso in Italien oder ein *cortado* in Spanien mit einem kleinen Gebäck oder *bocadillo* (Brötchen) in einem Café oder einer Bar auf dem Weg zur Arbeit. Das Mittagessen fällt leicht aus, ersten Hungergefühlen begegnet man am frühen Abend mit herzhaften Kleinigkeiten wie den spanischen Tapas zum Feierabendbier oder Aperitif. Ab etwa 20.30 Uhr wird opulent zu Abend gegessen und die sommerlichen Abendstunden draußen werden bis in die Nacht genossen. Wer nicht zu Hause kocht, isst in einfachen Kneipen – in der Osteria, Trattoria oder Pizzeria, in der Tapas-Bar oder im einfachen Hafenrestaurant, im Bistro oder aber auch gehobenen Restaurant.

Hauptzutaten sind im ganzen Mittelmeerraum regionales, frisches Gemüse wie Auberginen, Paprika, Tomaten, Zucchini, Zwiebeln, Oliven und Knoblauch, fangfrischer Fisch und Meeresfrüchte, reichlich Olivenöl, Kräuter und Gewürze, Nudeln, Reis und Hülsenfrüchte in allen Variationen. Mit wenigen einfachen Zutaten wird nach Traditionsrezepten unaufwendig, aber kreativ, schmackhaft und aromenreich gekocht. In der soliden, bodenständigen Küche wird aus guten Produkten im Handumdrehen etwas Besonderes. Wie der Spanier sagt: *No nececito mucho para ser feliz*. Man braucht nicht viel, um glücklich zu sein!

Leicht und ausgewogen
Abwechslungsreich, ausgewogen und salzarm ist die mediterrane Kost. Da sie reich an ungesättigten pflanzlichen Fettsäuren, Vitaminen, Ballast- und Mineralstoffen ist, wirkt sie vorbeugend gegen Herz-Kreislauf-Erkrankungen, Bluthochdruck, Diabetes und Übergewicht. Ganzjährig steht eine große Palette an frischem Obst und Gemüse zur Auswahl. Leicht verdauliche pflanzliche Fette und eiweiß- und jodreicher magerer Fisch mit wertvollen Omega-3-Fettsäuren und Meeresfrüchte gehören zu Ernährung, ebenso eiweißreiche Hülsenfrüchte. Saucen sind nicht zu schwer. Die Küche gilt als stoffwechselanregend,

bekömmlich und gesund und die mediterrane Lebensart mit ausgiebig Zeit für die Mahlzeiten tut ein Übriges.

Von herzhaft bis süß rund ums Mittelmeer
Natürlich kann man am Mittelmeer nicht von einer einheitlichen Küche sprechen, zu unterschiedlich sind die Regionen und Gepflogenheiten. In nördlichen, kühleren, wasserreichen und grünen Gefilden der Länder bestimmen andere Zutaten und Zubereitungen die tägliche Küche als in trocken-heißen und oft kargen südlichen Landesteilen. Die Küche in den Städten, zumal in den Hafenstädten, ist eine etwas andere als die rustikale bäuerliche Küche. Und es gibt deutlich mehr zu entdecken als die Rezeptklassiker oder Lieblingsrezepte der Kindheit. Aus der Vielfalt mediterraner Genüsse wollen wir Sie mit einer Auswahl verführen, selbst auf Entdeckungsreise zu gehen.

Die **Küche Italiens** ist den meisten seit Kindertagen vertraut und jeder hat seine persönliche Lieblingspasta oder -pizza. Es würde den Rahmen sprengen, hier auch nur auf einen Großteil der klassischen Gerichte einzugehen. Pasta ist in allen erdenklichen Spielarten – lang, kurz, breit, dünn, gedreht oder gefüllt – überall in Italien vertreten und frisch zubereitet schon für sich ein Erlebnis. Saucen oder einfach Butter und Salbei verleihen ihr den letzten Schliff. Wer die Zubereitung von Risotto beherrscht, zaubert aus dem richtigen Reis und wenigen weiteren Zutaten von Pilzen bis Meeresfrüchten ein echtes Gaumenvergnügen. Minestrone, Stracciatella oder *Zuppa di pomodori* grüßen aus der Suppenküche. Aus der Wursttheke sind uns hauchdünn geschnittene Mortadella oder kräuterwürzige Salsicce vertraut, bei den Fleischgerichten streiten zarte Involtini (Rouladen) mit Ossobuco (Beinscheibe) und Scaloppine (Kalbsschnitzel) um den Vorrang in der Genießergunst. Bei den *dolci*, den cremigen oder biskuitzarten Süßspeisen, tut sich der Himmel mit Tiramisu, Panna cotta, Zabaione oder *gelato* auf. Beim umfangreichen Abendessen beginnt man mit Antipasti – das können ein Salat, Mozzarella und Tomaten, Vitello tonnato, eingelegte oder gebackene Gemüse sein – und kommt über den kohlenhydrathaltigen *primo piatto* (Pasta, Risotto oder Suppe) zum zweiten Hauptgang, dem *secondo piatto*, mit Fisch, Fleisch oder einer gehaltvolleren Gemüsezubereitung. Dem Dessert folgt ein Espresso und wer mag, nimmt noch einen Grappa oder einen Fernet für die »Verteilung«.

Streifen wir durch die Kochtöpfe, Pfannen und Backöfen von Nord- nach Süditalien, eröffnet sich eine riesige Bandbreite regionaltypischer Genüsse. Ihre Entstehung basiert auf dem Klima, den Bodenverhältnissen, aber auch dem Wohlstand oder der Armut der Region und ihrer Geschichte.

Im Norden Italiens, in Südtirol, Alto Adige und Trentino, macht sich die Nähe Österreichs und der K.-u.-K.-Geschichte bemerkbar: Mehlspeisen wie Kaiserschmarren oder Knödel sind hier vertreten. In der wunderbaren Bergwelt von Rosengarten, Ortler und Co. inmitten bäuerlich geprägter Landschaft munden kräftig-deftige Gerichte wie Gröschtl (herzhafte Kartoffelpfannen) oder der feinwürzige Südtiroler Speck; aus Gewürztraminer, Vernatsch oder Lagrein entstehen die köstlichen Südtiroler Weine dazu. Genauso rustikal und bodenständig wird im Aostatal genossen; neben Speck seien hier die reichlich geernteten Maronen erwähnt. Aus dem Piemont stammt der ebenso kostbare wie köstliche weiße Albatrüffel. In Mailand probiere ein jeder Risotto in allen Spielarten, die Beinscheibe Ossobuco und cremige oder gebackene Polenta einmal selbst. Venedig sehen und schmecken: Nicht nur Commissario Brunetti ist es gestattet, in Genüssen vom einfachen Tramezzino über Meeresfrüchte bis zur *fegato alla veneziana* (Leber mit Zwiebeln) zu schwelgen. Übrigens kamen einst über Venedig die kostbaren orientalischen Gewürze ins Abendland. Höchste Maßstäbe setzt die Emilia-Romagna, die unsere Gaumen mit Produkten der Spitzenklasse verwöhnt: Parmaschinken, Aceto balsamico tradizionale, Mortadella und ein Füllhorn an Pastasorten kommen von hier. Die angrenzenden Regionen warten mit Pilzen, Wild, Nüssen und Trüffeln auf. Wem die liebliche Landschaft der Toskana mit ihren sanft geschwungenen grünen Hügeln vor Augen steht, der hat auch gleich den unverwechselbaren Geschmack ihrer Weltklasseweine Vino nobile oder

Brunello auf der Zunge. Ein Chianti classico oder Vernaccia harmoniert ebenfalls mit Antipasti-Variationen oder einfachen, leckeren Hauptgerichten, ein Vin santo mit den knusprigen Cantuccini. Wer Florenz besucht, sollte unbedingt ein *bistecca alla fiorentina* (Steak nach Florentiner Art) versuchen. In der Toskana ist das weiße Chianina-Rind mit zartem, fein-würzigem Fleisch beheimatet. Umbrien steht für Spezialitäten aus Schweinefleisch wie porchetta, Spanferkel am Spieß, oder den mürb-zarten Kochschinken, den prosciutto. Hier findet man auch schwarze Trüffel. Ganz im Süden, in Kampanien, Kalabrien und Apulien, locken Fisch und Meeresfrüchte in allen Zubereitungen. Auf den fruchtbaren Böden Apuliens gedeihen Hartweizen und Oliven fürs Öl, auf Sizilien finden wir Gemüse von Auberginen bis Zucchini und Mandeln. Nicht zu vergessen, dass in Neapel die Pizza margherita erfunden wurde … Im Süden erfreuen leuchtende Zitrusfrüchte erst das Auge, dann als Zutat von Speisen, Eis und Limoncello den Gaumen – das ist italienische Lebensart pur!

Parmigiano Reggiano

Aus der Vielfalt italienischer Käsesorten (Provolone, Scamorza, Ricotta, Mozzarella, Fontina, Gorgonzola, Mascarpone, Grana Padano, Taleggio, Pecorino etc.) sticht einer hervor: Der Parmigiano Reggiano, allgemein als Parmesan bezeichnet, ist ein würziger Hartkäse aus Kuhmilch und wird seit Jahrhunderten nach strengen Vorschriften nur in den Provinzen Parma, Reggio Emilia, Modena, Bologna und Teilen von Mantua produziert. Er ist lange lagerfähig und wird meist frisch über Gerichte gerieben oder gehobelt.

Aceto balsamico tradizionale (ABT)

Mit dem kostbaren dunklen Balsamessig aus Modena oder Reggio Emilia (nicht zu verwechseln mit einem einfachen Aceto balsamico) wird keine Vinaigrette oder Marinade gerührt. Er wird tropfenweise zum Veredeln von Speisen verwendet, denn sein Aroma ist intensiv und die Herstellung aus Trebbiano-Trauben aufwendig. Most wird zu Sirup

konzentriert und lange Jahre in fester Folge in Fässern aus bestimmten Holzarten gelagert.

Aus der **spanischen Küche** ist vor allem die Paella bekannt, die berühmte Reispfanne mit Meeresfrüchten oder einer Mischung verschiedener Fleischsorten, ebenso die Tortilla, der Kartoffel- oder Gemüsekuchen, ein Alleskönner, der kalt oder warm, allein, mit Salat oder als Beilage zu allen Gerichten schmeckt. Unverwüstlich sind die Albóndigas (Hackfleischbällchen in pikanter Tomatensauce) oder die kalte Gemüsesuppe Gazpacho, die im Sommer so erfrischend schmeckt. Die spanische Küche gilt als rustikal mit viel Fleisch, Fisch und Meeresfrüchten, mit Gewürzen südamerikanischer oder orientalischer Provenienz – schließlich herrschten die Mauren vom 12. bis zum 15. Jahrhundert in Südspanien, auch viele Süßspeisen sind auf diesen Ursprung zurückzuführen. Aioli oder eine Mojo zum Dippen gehört zu den Hauptspeisen ganz einfach dazu. Kräftige Eintopfgerichte mit Hülsenfrüchten, Hülsenfrüchte überhaupt, nehmen einen hohen Stellenwert ein. Das Fleisch des dunklen iberischen Schweins mit den schwarzen Hufen *(pata negra)* ist ungemein zart, saftig und geschmacksintensiv; die Schweine streifen halbwild durch die Wälder Südwestspaniens und ernähren sich überwiegend von Eicheln. Nicht zu vergessen natürlich die Tapas, die kleinen Appetithäppchen zur *caña*, zum frisch gezapften Bier, die einfach aus ein paar Oliven oder ein paar Scheiben Chorizo, aber auch aus dem Kleinformat einer Hauptmahlzeit bestehen können – wer mag, gönnt sich eine Kombination mehrerer Tapas als Menü. Viele Tapas-Bars, etwa auf den *ramblas* von Barcelona, legen in der modernen Interpretation und hochästhetischer Gestaltung der Tapas hohe Kunstfertigkeit an den Tag.

La vida es dulce – das Leben ist süß: Zwar nimmt im Mittelmeerraum das Dessert keinen hohen Stellenwert ein, die Auswahl ist überschaubar. Aber wen in Spanien die kleinen Törtchen und Gebäckstücke mit Mandeln, Pinienkernen, Honig und Zucker, *turrones*, oder Cremes wie Crema catalana, Flan oder *arroz con leche* (Milchreis) anlachen, dem reicht das Angebot völlig. Zu hohen Feiertagen wie dem Dreikönigstag wird der *roscon de reyes* gereicht, in dessen köstlicher Creme sich kleine Figürchen verbergen, deren Form Deutungen für die persönliche Zukunft zulassen.

Wer durch eine spanische Markthalle, etwa durch die *boquería* in Barcelona, oder gar über einen typischen spanischen Markt wie in Alhama im Hinterland der Costa calidà ganz im Süden streift, wähnt sich in einem Wunderland: Datteln, Feigen, Granatäpfel, Bananen und Erdbeeren, süß, saftig und aromatisch. Oder Artischocken, Auberginen, Tomaten oder Paprika, so frisch und in so farbenfroher Vielfalt, wie wir nur davon träumen können (von der Jahreszeit, in der diese hier gedeihen, übrigens auch). Zwischen Andalusien und der Extremadura gedeihen in großen Olivenhainen die Früchte für all das Olivenöl, das nicht nur in Spanien gebraucht wird – Spanien gilt nicht umsonst als führender Exporteur von Obst und Gemüse in der Welt. Das zentrale Hochland ist die Kornkammer Spaniens, im Mündungsdelta des Ebro liegt ein riesiges Reisanbaugebiet. Aus Andalusien, Aragon und der Mancha stammen Getreide und Hülsenfrüchte, auch Manchego, der kräftige Käse, und Safran, das teuerste Gewürz der Welt. Südlich der Costa blanca, vor allem rund um Valencia, beginnen die riesigen Plantagen mit Zitrusfrüchten.

Jamon serrano

Serranoschinken verdankt seinen Namen der spanischen *sierra* (Gebirge), denn dieser Schinken wird in der Bergluft getrocknet, bevor er sich etwa sechs Monate lang im Reifekeller entwickelt. Er ist ungemein zart und mild, auch sein gelbliches Fett ist schmackhaft. Die Schinken hängen in Bodegas oder Tapas-Bars von der Decke.

Die **portugiesische Küche** gilt allgemein als einfach. Doch welche Köstlichkeiten werden hier mit einfachen, guten Zutaten raffiniert gewürzt zubereitet! Erwähnt sei nur der Stockfisch, der *bacalao*, in allen erdenklichen Zubereitungsarten, kräftige Eintöpfe wie die berühmten *feijoada* mit Bohnen und die göttlichen *pasteis de nata*, die kleinen cremigen Blätterteigtörtchen. In der Hitze des Sommers erfrischt ein prickelnder *vinho verde*.

Nicht umsonst heißt es »Leben wie Gott in Frankreich«: Die **französische Küche** hat Weltruf erlangt und über ihre Grenzen hinaus Impulse gegeben. »Raffiniert einfach und einfach raffiniert« lautet das Credo, dem ebenso Bistro- wie im Land vielfach vertretene Sterneköche folgen. Beste Zutaten werden kenntnisreich durch Zugabe von feinen Kräutern, Sahneprodukten oder Wein auf den Punkt veredelt. Allein die Namen der Gerichte wie Quiche Lorraine, Boeuf bourguignonne, Coq au vin, Bouillabaisse, Ratatouille oder Crème brûlée zergehen auf der Zunge.

Ein frisches Baguette mit köstlichem Aufstrich – Pastete, Rillette, Terrine oder Tapenade – ergibt schon fast eine Mahlzeit mit französischem Flair. Aus der unfassbaren Fülle an Spezialitäten der französischen Küche seien hier nur einige wenige genannt: Ernteerzeugnissen aus dem »Gemüsegarten« Frankreichs, dem Tal der Loire, verleihen feine Kräuter aus der Provence Finesse. Das tun sie auch bei Fleisch- und Fischgerichten, etwa mit dem feinen Fleisch der Charolais-Rinder oder Bresse-Hühner des Burgunds zubereitet. Edle Zwiebeln aus den Cevennen oder ein Senf aus Dijon setzen Akzente. Von der Atlantikküste um Arcachon oder aus dem Belon-Fluss in der Südbretagne stammen weithin geschätzte Austern. Spitzenweine zu allen Köstlichkeiten keltert der Franzose in einer der vielen Anbauregionen selbst. Allein ihre Namen wurden für Kenner zum Synonym für Qualität in Weiß und Rot: Bordeaux, Burgund, auch an Loire und Rhone und im Languedoc wachsen die Reben und über allem thront der König der flüssigen Genüsse, der Champagner.

Der Reigen exquisiter Käsesorten reicht von mild bis würzig, von Brie über Epoisses oder Munster bis Roquefort oder Tête de Moine, und wäre eines eigenen Kapitels würdig – zum Abschluss einer Mahlzeit ist hier jedenfalls für alle etwas dabei. Vive la France!

Kräuter und Salz
Aus der sonnenverwöhnten Provence stammen Thymian, Rosmarin, Majoran, Oregano und Bohnenkraut. Sie werden zu den berühmten Kräutern der Provence, nahezu universell einsetzbar, vereint. In den heißen Küstenregionen stößt man häufig auf große Entsalzungsbecken. Das zarte Fleur de Sel der Guéronde gilt vielen Gourmets als das beste.

In **Griechenland** punktet die Küche mit kräftig gewürzten Fleischgerichten, meist von Rind oder Lamm. An Kräutern wie Rosmarin, Minze, Thymian, Oregano, Salbei oder Majoran wird nicht gespart und viele von ihnen wachsen wild. Vorspeisen, pardon, *mezedes*, aus diversen Gemüsesorten, Oliven, Dicken Bohnen und Feta haben mit oder ohne Blätterteig gebacken, gebraten oder mariniert längst Teller und Genießerherzen erobert und Zaziki passt zu vielem. Ohne Knoblauch geht in Griechenland nichts, er verleiht auch Klassikern wie Moussaka, Gyros, Stifado oder Kleftiko das gewisse Etwas. Weinanbau hat in Griechenland zwar Tradition, aber erst in den vergangenen Jahren sind Weine sehr guter Qualität ausgebaut worden – da ist viel mehr zu entdecken als geharzter Retsina! Bei Familienfesten wie zum Beispiel zu Ostern werden die Tafeln besonders reichlich gedeckt – ein Ouzo oder zwei helfen dem, der hier beherzt zugegriffen hat.

Kretisches Olivenöl
Die extranativen kalt gepressten Olivenöle von der Insel Kreta gelten als besonders hochwertig. Sie werden nur aus bestimmten Olivensorten wie zum Beispiel der Koroneiki-Olive gepresst und schmecken mildfruchtig-aromatisch.

Die **türkische Küche** ist fleisch- und gewürzintensiv: Kreuzkümmel, Kardamom, Zimt oder Muskat verleihen Kalb-, Rind- und Lammfleisch eine aufregende Note. Nur ein Teil der Türkei liegt in Europa, Istanbul mit all seinen verlockenden Restaurants, Imbissbuden

und -schiffen (!), mit Teehäusern und mobilen Sesamkringel-Händlern liegt auf zwei Kontinenten. An Mittelmeer und Ägäis ist das Klima mild und das Land fruchtbar. Die feine türkische Küche verdankt ihre Komplexität vielen hier einst beheimateten Kulturen. Türkische Köche verstehen es, aus Hülsenfrüchten wie Kichererbsen oder Linsen so ziemlich alles vom cremigen Brotaufstrich Hummus bis zum Lamm-Kichererbsen-Gulasch zu zaubern. Mit kühlem Joghurt werden viele Dips, Saucen und das erfrischende Getränk Ayran zubereitet. Der Grill wird selten kalt und zu Döner, Kebab, Köfte und Co. schmecken Reis und Gemüse – ein Stück frisches, duftendes Fladenbrot passt auch immer. Süßes Gebäck aus zartem Yufkateig, Nüssen, Kernen, Honig und Zucker entrückt uns in Dessertträume aus 1001 Nacht.

Haselnüsse

Die Haselnuss trat ihren Siegeszug von der türkischen Schwarzmeerküste über Griechenland und Rom in die ganze Welt an. Bei Haselbäumen oder -büschen dauert es fast zehn Jahre, bis sie tragen. Die Anbaufläche in der Türkei verdreifachte sich in den vergangenen Jahrzehnten auf nahezu 660.000 Hektar, um Knusperfreunde und Pralinenproduzenten unter anderem in Deutschland zu bedienen.

Die nordafrikanisch-orientalische Küche **Marokkos, Tunesiens** oder **Algeriens** zeigt uns, wie nuancenreich einfache Zutaten durch Zubereitung und Gewürze werden können. Couscous oder Bulgur sind mehr als eine Allerweltsbeilage: Mit Zitrone und Petersilie verfeinert wird ein herzhaftes Taboulé daraus, mit Trockenobst, Rosinen und Nüssen ein süßer Nachtisch. Rind- und Kalbfleisch, aber auch Hähnchen werden in der Tajine unendlich zart und sind durch Saucen vielseitig interpretierbar. Von der *harira*, der köstlichen Fastensuppe mit Lammfleisch und Bohnen, darf es gern ein bisschen mehr sein.

Würzpasten und Gewürzmischungen

Die scharfe Harissapaste aus Chili, Chilipulver, Paprikapulver, Tomatenmark, Koriander, Kreuzkümmel und Knoblauch wird mit Öl cremig gerührt und verfeinert Couscous, Suppen oder Fleisch. Die arabische Sesampaste Tahin wird zur Herstellung von Hummus, aber auch als Dip oder Brotaufstrich verwendet. Die überaus raffinierte marokkanische Gewürzmischung Ras el-Hanout hebt jede Tajine und jedes Couscousgericht.

Getränke

Fast alle Mittelmeerländer sind Weinländer und zu einem guten italienischen, spanischen oder griechischen Essen gehört einfach ein Wein – was nicht heißen will, dass es nicht auch erfrischende heimische Biere gibt! Türkischer schwarzer Tee wird aus kleinen Gläsern mit zwei Stück Zucker serviert über den Tag in Teehäusern getrunken und höflicherweise von Gastgebern nach dem Essen angeboten. In Nordafrika sorgt ein mit frischer Minze aufgebrühter süßer *thé à la menthe* für angenehme Kühlung und löscht den Durst perfekt.

Von allen Kaffeespezialitäten des Mittelmeerraums seien hier, nach der Mahlzeit getrunken, noch einmal der italienische Espresso oder der spanische Cortado erwähnt. Für einen griechischen und türkischen Mokka wird das Kaffeepulver direkt mit heißem Wasser übergossen. Bei der Bestellung nicht vergessen zu sagen, wie süß man den Mokka haben möchte! In Metallkännchen *(ibrik)* mit langem Stiel wird der Kaffee in Holzkohleglut warm gehalten; in den kleinen Tassen verbleibt nach dem Trinken der Satz.

Gerade nach üppigem Essen wirkt etwas Hochprozentiges wahre Wunder: In Italien hilft der Tresterschnaps Grappa oder ein Kräuterbitter *(amaro)*, in Spanien greift man zu einem der überaus feinen Brandys oder zu einem Kräuterschnaps *(hierbas)*. Nach einem griechischen Mahl befreit ein Ouzo von Völlegefühl, nach einem türkischen ein Raki, ebenfalls ein Anisschnaps.

Haben wir Ihnen Appetit auf eine kulinarische Reise ans Mittelmeer gemacht? Dann sind Sie herzlich eingeladen, sich mit unseren Rezepten und sonnenverwöhnten Zutaten den Urlaub in die Küche zu holen!

Smoothies & Frühstück

Was gibt es Schöneres als ein ausgedehntes Frühstück, um Energie zu tanken und gut gelaunt in den neuen Tag zu starten? Die Rezeptauswahl in diesem Kapitel reicht von würzigen Aufstrichen über herzhafte Kuchen und süße Konfitüren bis zu gesunden Power-Smoothies. Alles ist leicht zuzubereiten und verführt mit mediterranen Aromen zum Genuss. Darf es noch ein Espresso oder ein Café au lait dazu sein?

Grüner Smoothie mit Mandeln

Jeden Morgen nur Müsli mit Joghurt ist auf Dauer etwas langweilig. Dieser Smoothie ist eine schöne Abwechslung und ein frischer Start in den Tag.

Für 4 Portionen
Zubereitungszeit: 5 Minuten

Zutaten

3 kleine grüne Äpfel (z. B. Granny Smith)
1 mittelgroße kernlose Orange
150 g Salatgurke
100 g Kopfsalat
150 ml Mineralwasser
1 Prise Meersalz
20 g gehobelte Mandeln

- Die Äpfel waschen, vierteln, das Kerngehäuse entfernen und das Fruchtfleisch in grobe Stücke schneiden. Die Orange schälen und in Stücke schneiden. Die Gurke schälen und in Scheiben schneiden. Den Kopfsalat waschen, trockenschleudern und in Streifen schneiden.

- Äpfel, Orangen, Gurke und Kopfsalat in einen Mixer geben und mit Mineralwasser auffüllen. 1 Minute auf höchster Stufe mixen. Mit Salz abschmecken. Den Smoothie auf Gläser verteilen und mit gehobelten Mandeln bestreut servieren.

Erdbeer-Bananen-Smoothie

Erdbeeren schmecken im Juni am besten – dann, wenn sie richtig von der Sonne verwöhnt sind. In den anderen Monaten des Jahres können Sie gern auf Tiefkühlware zurückgreifen.

Für 4 Portionen
Zubereitungszeit: 5 Minuten

Zutaten

400 g Erdbeeren
1 kleine Banane
50 g Romana-Salat
150 ml Milch (3,5 %)
1 Prise Meersalz

Die Erdbeeren waschen und das Grün entfernen. Die Banane schälen und in Scheiben schneiden. Den Romana-Salat waschen, trockenschleudern und in Streifen schneiden.

Erdbeeren, Bananenscheiben und Romana-Salat in einen Mixer geben und mit der Milch auffüllen. Auf höchster Stufe 1 Minute mixen. Den Smoothie mit einer Prise Salz abschmecken, in Gläser füllen und servieren.

Zitrus-Ananas-Smoothie

Wenn Sie reif für die Urlaubsinsel sind, ist dieser Smoothie genau richtig. Sonnengereifte Orangen und süße Ananas verwöhnen Sie durch ihr exotisches Aroma und füllen Ihren Energiespeicher auf.

Für 4 Portionen
Zubereitungszeit: 5 Minuten

Zutaten

100 g Ananas
1 mittelgroße kernlose Orange
100 g Eisbergsalat
150 ml Mineralwasser

Die Ananas schälen und in Stücke schneiden. Die Orange schälen und in Scheiben schneiden. Den Eisbergsalat waschen und trockenschleudern.

Ananas, Orangen und Eisbergsalat in einen Mixer geben und mit Mineralwasser auffüllen. 1 Minute auf höchster Stufe mixen. Den Smoothie in Gläser füllen und sofort servieren.

Birnen-Spinat-Smoothie

Grüne Smoothies sind im Trend. Es müssen aber nicht immer zig Zutaten exotischen Ursprungs sein, um die geballte Power, die in ihnen steckt, zu genießen. Birnen, Spinat und Haferflocken – mehr braucht es (fast) nicht für dieses flüssige Energiepaket.

Für 4 Portionen
Zubereitungszeit: 10 Minuten

Zutaten

2 kleine reife Birnen
100 g Babyspinat
600 g Haferflocken
2 EL Honig
300 ml Mineralwasser
1 Prise Meersalz
einige Blätter Basilikum (nach Belieben)

Die Birnen waschen und vierteln. Das Kerngehäuse entfernen und die Viertel in 1 cm große Stücke schneiden. Den Spinat waschen und trockenschleudern.

Birnen, Spinat, Haferflocken und Honig in einen Mixer geben. Mit dem Mineralwasser auffüllen und 1 Minute auf höchster Stufe mixen. Mit Meersalz würzen. Den Smoothie in Gläser füllen, nach Belieben mit Basilikumblättern garnieren und sofort servieren.

Eiskalte Gurke

Ein erfrischendes Getränk, das man immer genießen kann. Und das ruck, zuck den Wasser- und Energiehaushalt auffüllt, was besonders in den heißen Sommermonaten wichtig ist.

Für 4 Portionen
Zubereitungszeit: 5 Minuten

Zutaten

150 g Salatgurke
1 kleine Avocado
200 g Kopfsalat
Saft von ½ Zitrone
3 EL Honig
100 ml Mineralwasser
150 g Crushed Eis
1 Prise Meersalz
1 Prise Cayennepfeffer

- Die Gurke schälen und in Scheiben schneiden. Die Avocado halbieren, den Kern herauslösen und das Fruchtfleisch mit einem Löffel aus der Schale lösen. Den Kopfsalat waschen und trockenschleudern.

- Gurke, Avocado und Kopfsalat mit Zitronensaft und Honig in einen Mixer geben. Mit dem Mineralwasser auffüllen und 1 Minute auf höchster Stufe mixen, dabei das Crushed Eis hinzufügen.

- Den Smoothie mit Meersalz und Cayennepfeffer abschmecken und servieren.

Schalottencreme aus Hüttenkäse

Aus der mediterranen Küche nicht wegzudenken sind Zwiebelgewächse. Die milden Schalotten passen auch sehr gut zum Frühstück.

Für 4 Portionen
Zubereitungszeit: 25 Minuten

Zutaten

8 Schalotten
2 EL Olivenöl
Meersalz
frisch gemahlener schwarzer Pfeffer
½ Bund Frühlingszwiebeln
100 g Frischkäse
200 g Hüttenkäse
4 Scheiben Vollkornbrot
etwas Butter zum Braten
1 Schale frische Gartenkresse

Die Schalotten abziehen und in grobe Würfel schneiden. Das Olivenöl in einer Pfanne erhitzen und die Schalotten darin 5 Minuten anschwitzen. Mit Salz und Pfeffer würzen. Dann in ein hohes Gefäß füllen und mit dem Stabmixer pürieren. Zur Seite stellen und erkalten lassen.

Die Frühlingszwiebeln waschen und in Ringe schneiden. Frischkäse, Hüttenkäse und Frühlingszwiebeln in einer Schüssel verrühren. Das Schalottenpüree untermengen und mit Salz und Pfeffer abschmecken.

Das Vollkornbrot in etwas Butter anbraten, mit der Schalottencreme und etwas Gartenkresse servieren.

Pesto genovese

In diesem Pesto kommen die Frische und der intensive Geschmack des Basilikums besonders gut zur Geltung. Auf dem Brot, zu Nudeln oder Reis genießen – und Italien ist ganz nah.

Ergibt etwa 425 g
Zubereitungszeit: 20 Minuten

Zutaten

200 g frisches Basilikum
4 Knoblauchzehen
60 g Pinienkerne
30 EL Olivenöl
25 g Pecorino
100 g Parmesan
Salz

Basilikum waschen, trockenschütteln und die Blättchen abzupfen. Basilikumblätter 5 Sekunden in kochendem Wasser blanchieren, in Eiswasser abschrecken und über einem Sieb gut ausdrücken. Die Knoblauchzehen abziehen, 1 Minute in kochendem Wasser blanchieren und in Eiswasser abschrecken.

Das ausgedrückte Basilikum grob schneiden, mit Knoblauch, Pinienkernen und Olivenöl in ein hohes Gefäß geben und mit dem Stabmixer pürieren. Pecorino und Parmesan fein reiben, dann unter die Basilikummasse heben. Mit Salz abschmecken.

Tomatenkonfitüre

Tomaten als Konfitüre? Warum denn nicht? In Spanien und anderen Mittelmeerländern wird sie ganz selbstverständlich gekocht. Zusammen mit feiner Vanille schmeckt sie gut auf Brot, harmoniert aber auch wunderbar mit Käse.

Ergibt etwa 1 kg
Zubereitungszeit: 15 Minuten

Zutaten

1 kg reife Strauchtomaten
250 g Gelierzucker (2:1)
1 Vanilleschote
Saft und Abrieb von 1 unbehandelten Zitrone
1 cm frischer Ingwer, fein gerieben
6 Blatt Gelatine, eingeweicht

Die Tomaten waschen, den Strunk entfernen und das Fruchtfleisch in Viertel schneiden. Den Gelierzucker und die Tomatenstücke in einem Topf mischen und 30 Minuten ziehen lassen. Die Vanilleschote aufschneiden und das Mark herauskratzen.

Vanilleschote, Vanillemark, Zitronensaft und -abrieb sowie Ingwer zu den Tomaten geben. Alles zum Kochen bringen und 5 Minuten bei geringer Temperatur köcheln lassen.

Die Gelatine ausdrücken und in der heißen Konfitüre auflösen. Die Tomatenkonfitüre in saubere Gläser füllen, verschließen und erkalten lassen.

Tipp: Kühl gelagert und gut verschlossen ist die Konfitüre 4–6 Monate haltbar.

Liter

Paprikaconfit

Diese gelungene Komposition aus süßer Paprika und feuriger Chili intensiviert nicht nur den Geschmack von Käse und hellem Fleisch, sondern schmeckt auch pur auf dem Frühstücksbrot richtig lecker.

Ergibt etwa 600 g
Zubereitungszeit: 30 Minuten

Zutaten

3 gelbe Paprikaschoten
½ Chilischote
1 EL Olivenöl
1 TL Honig
200 ml Gemüsebrühe
Meersalz
frisch gemahlener schwarzer Pfeffer

Die Paprikaschoten waschen, halbieren, Samen und Trennwände entfernen und das Fruchtfleisch in 1 cm große Würfel schneiden. Die Chilischote halbieren, entkernen und fein würfeln.

Das Olivenöl in einem Topf erhitzen und die Paprika- und Chiliwürfel darin 3 Minuten anbraten. Den Honig hinzufügen und mit der Gemüsebrühe auffüllen.

Die Brühe bei mittlerer Temperatur auf ein Drittel einkochen lassen. Dann mit einem Pürierstab kräftig mixen, bis eine homogene Masse entsteht.

Den Aufstrich erkalten lassen und abschließend nach Belieben mit Salz und Pfeffer abschmecken.

Zwiebelmus

Rote Zwiebeln haben einen süßlichen Eigengeschmack und sind als Aufstrich eine Delikatesse – besonders auf einer Scheibe herzhaftem Vollkornbrot.

Ergibt etwa 800 g
Zubereitungszeit: 50 Minuten

Zutaten

1 kg Meersalz
1 kg rote Zwiebeln
1 Knolle Knoblauch
1 EL Olivenöl
Salz
frisch gemahlener schwarzer Pfeffer

Das Salz auf einem Backblech verteilen. Den Backofen auf 160 °C Ober-/Unterhitze vorheizen.

Die Zwiebeln und die Knoblauchknolle ungeschält auf das Salz legen, 35 Minuten backen und anschließend auf dem Salz auskühlen lassen. Die Zwiebeln und die Knoblauchzehen vorsichtig abziehen.

Zwiebeln und Knoblauch mit ein paar Tropfen Olivenöl in einer Küchenmaschine pürieren. Das Zwiebelmus mit Salz und Pfeffer abschmecken und zum Aufbewahren in saubere Gläser füllen.

Tipp: Das Salz zum Backen kann mehrmals verwendet werden. Bewahren Sie es dafür einfach in einem luftdichten Behälter auf.

Gekochtes Ei mit Spinat

Für Liebhaber der Mittelmeerküche ist das eine wunderbare Variante, ein Frühstücksei zuzubereiten. Das Gericht eignet sich aber auch als schnelle und leichte Zwischenmahlzeit.

Für 4 Portionen
Zubereitungszeit: 30 Minuten

Zutaten

4 Eier
300 g Babyspinat
1 Schalotte
1 Knoblauchzehe
1 EL Olivenöl
50 ml Gemüsebrühe
Meersalz
frisch gemahlener schwarzer Pfeffer
frisch geriebene Muskatnuss
1 Scheibe Vollkorntoast
10 g Butter

- Die Eier in sprudelndem Wasser 5 Minuten weich kochen. Anschließend kurz unter kaltem Wasser abschrecken und vorsichtig pellen.

- Den Spinat waschen und trockenschleudern. Die Schalotte und die Knoblauchzehe abziehen und fein würfeln.

- Das Olivenöl in einer beschichteten Pfanne erhitzen. Schalotten- und Knoblauchwürfel darin 1 Minute glasig anschwitzen. Den Spinat hinzufügen und 30 Sekunden mitdünsten. Die Gemüsebrühe dazugeben und einmal aufkochen. Das Spinatgemüse mit Salz, Pfeffer und Muskat würzen.

- Den Vollkorntoast in 0,5 cm große Stifte schneiden und in Butter rundherum knusprig braten. Spinat, Ei und Brotstifte gemeinsam servieren.

Tipp: Frischer Babyspinat hat im rohen Zustand ein sehr großes Volumen, das sich aber bei der Zubereitung drastisch reduziert. Lassen Sie sich deshalb von der hier angegebenen Menge nicht verunsichern, es wird am Ende viel weniger.

Buttermilch-Feigen-Brot mit gesalzener Butter

Ein hausgemachtes Sommerbrot. Die frischen Feigen verleihen ihm eine schöne fruchtige Note und machen es richtig saftig.

Ergibt 1 Brot
Zubereitungszeit: 40 Minuten + ca. 2 Stunden Ruhezeit

Zutaten

500 g Weizenmehl (Type 1050) plus etwas für die Arbeitsfläche
3 Eier
50 ml Milch (3,5 %)
21 g frische Hefe
200 ml Buttermilch
Saft und Abrieb von 1 unbehandelten Zitrone
30 g Rosmarinhonig
150 g frische Feigen
40 g Butter
Meersalz

- Das Mehl in eine Schüssel sieben und mit den Eiern verrühren.

- Die Milch in einem Topf lauwarm erhitzen. Die Hefe zerbröseln und in der Milch auflösen. Hefemilch, Buttermilch, Zitronensaft und -abrieb sowie Honig in die Schüssel zum Mehl geben. Alle Zutaten mit einem Handrührgerät zu einem glatten Teig verarbeiten. 60 Minuten an einem warmen Ort gehen lassen.

- Die Feigen waschen und in 3–4 cm große Stücke schneiden. Die Feigenstücke in den Teig einarbeiten und den Teig nochmals 10 Minuten gehen lassen.

- Eine antihaftbeschichtete Kastenform (30 × 11 cm) bereitstellen. Den Teig in die Form füllen und erneut abgedeckt 40 Minuten an einem warmen Ort gehen lassen.

- Den Backofen auf 180 °C Ober-/Unterhitze vorheizen. Das Brot 60 Minuten auf der mittleren Schiene goldbraun backen.

- Die Butter gut mit dem Salz vermischen. Das frische Brot mit der gesalzenen Butter oder Tomatenkonfitüre (siehe Seite 34) servieren.

Orangenfladen

Frischer Hefeteig mit fruchtigen Orangen und aromatischer Vanille versüßt den Tag. Doch nicht nur der Geschmack überzeugt: Die gesunden Inhaltsstoffe der Zitrusfrüchte steigern unser Wohlbefinden.

Frgibt 10–12 Fladen
Zubereitungszeit: 35 Minuten

Zutaten

350 g Weizenmehl (Type 1050) pus etwas für die Arbeitsfläche
50 g Butter
275 ml Milch (1,5 %)
21 g frische Hefe
40 g Zucker
2 Orangen
1 Vanilleschote
250 g Quark (40 %)
30 g Rohrzucker
4–6 Stängel frische Minze

Das Mehl in eine Schüssel sieben. Die Butter in Stücke schneiden und hinzufügen.

Die Milch in einem Topf leicht erwärmen. Hefe hineinbröseln und Zucker einstreuen. Die warme Hefemilch zum Mehl gießen und mit dem Handrührgerät zu einem glatten Teig kneten. 30 Minuten an einem warmen Ort gehen lassen, bis er sein Volumen verdoppelt hat.

Die Orangen gründlich schälen und in Scheiben schneiden. Die Vanilleschote längs halbieren und das Vanillemark mit einem Löffel auskratzen. Quark, Rohrzucker und Vanillemark vermischen, glatt rühren und beiseitestellen.

Den Teig nochmals kneten und in zehn bis zwölf Stücke schneiden. Auf einer bemehlten Arbeitsfläche dünne Fladen mit einem Durchmesser von 10 cm ausrollen. Den Backofen auf 220 °C Ober-/Unterhitze vorheizen. Die Minze waschen, trockenschütteln und die Blättchen abzupfen.

Die Fladen auf ein mit Backpapier ausgelegtes Backblech geben und mit den Orangenscheiben belegen. 8–10 Minuten auf der mittleren Schiene backen. Die heißen Fladen mit frischer Minze und Vanillequark servieren.

Oliven-Salbei-Kuchen im Glas

Ob als besondere Leckerei, als kulinarisches Geschenk oder als kleines Mitbringsel fürs Büfett oder Picknick: Diese Küchlein im Glas machen immer etwas her und schmecken herrlich nach Urlaub.

Ergibt 8 Gläser (à 80 ml Inhalt)
Zubereitungszeit: 50 Minuten

Zutaten

100 g Oliven ohne Stein
2 Stängel frischer Salbei
1 TL Honig
3 Eier
10 EL Olivenöl plus etwas für die Förmchen
180 g Weizenmehl (Type 1050)
1 Pck. Backpulver
40 g Mandelgrieß

- Die Oliven in Scheiben schneiden. Den Salbei waschen, trockenschütteln, die Blättchen abzupfen und fein hacken. Den Honig in einem Topf erwärmen. Oliven und Salbei in einer Schüssel mit dem flüssigen Honig verrühren und 10 Minuten ziehen lassen.

- Eier und 10 EL Olivenöl mit dem Handrührgerät 4 Minuten schaumig schlagen. Das Mehl und das Backpulver in die Ei-Olivenöl-Masse sieben und alles zu einem glatten Teig verrühren. Die Olivenscheiben unterheben.

- Acht feuerfeste Gläser mit Olivenöl ausstreichen und mit Mandelgrieß ausstreuen. Den Backofen auf 180 °C Ober-/Unterhitze vorheizen. Den Teig in die Gläser füllen und auf der mittleren Schiene 30–40 Minuten backen. Aus dem Ofen nehmen, abkühlen lassen und servieren.

Tipp: Die Küchlein können gut auf Vorrat gebacken werden und passen wunderbar zur Tomatenkonfitüre (siehe Seite 34).

Tapas, Antipasti & Co.

Die kleinen Häppchen und Snacks – auch Tapas genannt – überzeugen mit Temperament, Geschmack und Freude am puren Genuss. Alle Rezepte in diesem Kapitel bestechen durch frische Zutaten und fein aufeinander abgestimmte Geschmackskombinationen. Ist der Gaumen einmal derart gekitzelt, wollen Sie ganz sicher nur eines: mehr davon! Urlaubsstimmung inklusive.

Cantaloupe-Melone mit Serranoschinken, Oliven und Manchego

Bei dieser klassischen Tapas-Variante schmeckt mir die Kombination aus süßen und pikanten Aromen einfach wunderbar. Ihnen wird es bestimmt genauso gehen.

Für 4 Portionen
Zubereitungszeit: 20 Minuten

Zutaten

1 Cantaloupe-Melone
100 g spanischer Serranoschinken
240 g Manchego
60 g grüne Oliven ohne Stein
2 EL Olivenöl
Meersalz
frisch gemahlener schwarzer Pfeffer

Die Melone mit einem Messer halbieren. Mit einem Löffel die Kerne herauslösen und die Melonenhälften in Spalten schneiden. Die Schinkenscheiben in der Mitte durchschneiden. Den Käse in dreieckige Scheiben schneiden.

Die Melonenspalten mit Schinken, Oliven und Manchego auf einem Brett servieren. Mit etwas Olivenöl beträufeln. Dazu nach Belieben Salz und Pfeffer servieren.

Datteln im Speckmantel

Achtung, Suchtgefahr! Süße Datteln und herzhaft-würziger Speck sorgen bei diesem spanischen Tapas-Klassiker für herrliche Gaumenfreuden.

Für 4 Personen
Zubereitungszeit: 15 Minuten

Zutaten

20 frische oder getrocknete Datteln
10 Scheiben Speck

Die Datteln mit einem Messer längs aufschneiden und den Kern herauslösen. Die Speckscheiben halbieren und jeweils eine Dattel darin einwickeln.

Die Datteln im Speckmantel in einer beschichteten Pfanne ohne Fett von jeder Seite 3 Minuten braten.

Die Datteln in Tapas-Schälchen mit Zahnstochern zum Picken servieren.

Grillgemüse in Saòr-Marinade

Die Saòr-Marinade ist eine typische italienische saure Marinade zum Einlegen von Gemüse, Fisch oder Fleisch. Aber auch wenn »saòr« wie »sauer« klingt: Der Begriff ist eine venezianische Abkürzung von »saporito«, was so viel wie »gut gewürzt« bedeutet.

Für 4 Personen
Zubereitungszeit: 35 Minuten

Zutaten

Für das Gemüse

1 Zucchini
1 Aubergine
1 gelbe Paprikaschote
1 rote Paprikaschote
Salz
frisch gemahlener schwarzer Pfeffer

Für die Marinade

15 EL Olivenöl
4 mittelgroße Zwiebeln
3 getrocknete Lorbeerblätter
50 g Rosinen
50 g Pinienkerne
10 EL Rotweinessig

Das Gemüse waschen und putzen. Die Paprikaschoten vierteln, Samen und Trennwände entfernen. Zucchini und Aubergine der Länge nach in 0,5 cm dicke Scheiben schneiden. Die Auberginenscheiben kräftig mit Salz einreiben und 10 Minuten Wasser ziehen lassen. Das Salz abwaschen und die Auberginenstreifen trockentupfen. Das Gemüse mit Salz und Pfeffer würzen und auf dem vorgeheizten Grill auf jeder Seite 3 Minuten grillen.

Für die Marinade das Olivenöl in einem Topf langsam erhitzen. Die Zwiebeln abziehen und in dünne Ringe schneiden. Lorbeerblätter, Zwiebelringe und Rosinen im heißen Olivenöl 10 Minuten unter ständigem Rühren anschwitzen. Die Pinienkerne in einer Pfanne ohne Fett goldbraun rösten. Sobald die Zwiebeln leicht braun werden, den Rotweinessig hinzufügen und den Topf von der Herdplatte nehmen. Die Pinienkerne unterrühren und warm über das Gemüse gießen.

Tipp: Diese Marinade ist für gebratenen Fisch und gebratenes oder gekochtes Gemüse geeignet. Der Essig verleiht dem Ganzen eine säuerliche Note und konserviert die Speisen gleichzeitig.

Pimientos de Padrón

Pimientos de Padrón sind in Deutschland als Bratpaprika bekannt. Sie stammen aus dem spanischen Ort Padrón. Eine Tapas-Variante, die einfach und schnell zuzubereiten ist – als Vorspeise oder Beilage zu Steaks und Grillfleisch aller Art.

Für 4 Personen
Zubereitungszeit: 15 Minuten

Zutaten

3 EL Olivenöl
500 g Pimientos de Padrón
grobes Meersalz

Das Olivenöl in einer Pfanne erhitzen. Die Pimientos de Padrón hineingeben und unter Rühren braten, bis sie Blasen werfen. Salz darüberstreuen und heiß servieren.

Grüner Spargel mit Tomatenvinaigrette

Spargel einmal ganz anders und doch mit dem Potenzial, ein Klassiker in Ihrer Küche zu werden. Dafür sorgen die feinen mediterranen Aromen. Reife Tomaten und milde Schalotten verbinden sich zu einer herrlich frischen Vinaigrette.

Für 4 Personen
Zubereitungszeit: 25 Minuten

Zutaten

800 g grüner Spargel
400 g Strauchtomaten
Salz
3 Schalotten
½ Bund frischer Schnittlauch
1 EL Olivenöl
Saft von ½ Zitrone
frisch gemahlener schwarzer Pfeffer

Den grünen Spargel im unteren Drittel schälen und die holzigen Enden abschneiden. Die Strauchtomaten waschen, den Stielansatz entfernen und die Haut oben kreuzförmig einschneiden.

Die Spargelstangen in kochendem Salzwasser 5 Minuten blanchieren und in Eiswasser abschrecken. Auf Küchenpapier abtropfen lassen. Die Strauchtomaten 30 Sekunden blanchieren, bis sich die Haut löst. Dann die Tomaten in Eiswasser abschrecken und die Haut ablösen.

Die gehäuteten Tomaten in Viertel schneiden. Das Kerngehäuse entfernen und den dabei austretenden Saft in einem Sieb auffangen. Die Tomatenviertel in Würfel schneiden. Die Schalotten abziehen und fein würfeln. Den Schnittlauch waschen, trockentupfen und in feine Röllchen schneiden.

Tomatenwürfel, Schalotten und Schnittlauch in einer Schüssel mischen. Den aufgefangenen Tomatensaft und das Olivenöl hinzufügen. Mit ein paar Spritzern Zitronensaft, Salz und Pfeffer abschmecken.

Den Spargel in 4 cm große Stücke schneiden und mit der Tomatenvinaigrette beträufelt servieren.

Rote-Linsen-Salat mit Apfel, Sellerie und Aceto balsamico tradizionale

Aceto balsamico tradizionale ist ein besonders erlesener Essig. Er lagert mehrere Jahre in Holzfässern und erhält so seinen charakteristischen süßen Geschmack und seine dunkle Farbe.

Für 4 Personen
Zubereitungszeit: 25 Minuten

Zutaten

150 g rote Linsen
Salz
2 Stangen Staudensellerie
2 grüne Äpfel (z. B. Granny Smith)
½ Granatapfel
4 EL Olivenöl
3 EL Zitronensaft
1 EL Honig
4 Stängel frisches Basilikum
frisch gemahlener schwarzer Pfeffer
3 EL Aceto balsamico tradizionale

- Die roten Linsen kalt abspülen und in kochendem Salzwasser 5–7 Minuten bissfest garen. In einem Sieb abgießen, mit kaltem Wasser abschrecken und gut abtropfen lassen.

- Die Selleriestangen putzen und in feine Scheiben schneiden. Die Äpfel waschen, halbieren, die Kerngehäuse entfernen und die Hälften in dünne Scheiben schneiden. Granatapfelkerne aus der Schale lösen. Olivenöl, Zitronensaft und Honig verrühren. Basilikum waschen, trockentupfen und die Blättchen abzupfen.

- Linsen, Äpfel, Sellerie und Granatapfelkerne in einer Schüssel vermengen und mit der Olivenöl-Honig-Zitronensaft-Mischung mischen. Mit Salz und Pfeffer abschmecken. Mit Basilikumblättern bestreut und Aceto balsamico tradizionale beträufelt servieren.

Grüne-Bohnen-Salat

Ein mediterraner Salat mit reichlich Proteinen und sonnenverwöhnten Orangen. Der Salat eignet sich als kleine Tapa, macht aber auch als Beilage zu Fleisch- und Fischgerichten eine gute Figur.

Für 4 Personen
Zubereitungszeit: 25 Minuten

Zutaten

400 g grüne Bohnen
Meersalz
150 g Kirschtomaten
2 Orangen
1 rote Zwiebel
4 Stängel frisches Basilikum
3 EL Olivenöl
3 EL Rotweinessig
1 TL Senf
frisch gemahlener schwarzer Pfeffer

Die Bohnen putzen und in kochendem Salzwasser weich kochen. Das Kochwasser abschütten. Die Bohnen in Eiswasser abschrecken und halbieren.

Die Kirschtomaten waschen und halbieren. Die Orangen so schälen, dass das Weiße der Haut komplett entfernt ist. Orangen in dünne Scheiben schneiden. Den dabei austretenden Orangensaft in einer Schüssel auffangen.

Die Zwiebel abziehen und mit einem Hobel in dünne Scheiben schneiden. Basilikum waschen, trockentupfen und die Blättchen abzupfen. Das Olivenöl mit Orangensaft, Rotweinessig und Senf mixen und mit Salz und Pfeffer würzen.

Bohnen, Tomaten, Orangen und Zwiebel in einer Schüssel mischen und mit der Vinaigrette marinieren. Den Salat auf Schüsseln verteilen, mit dem Basilikum bestreuen und genießen.

Weiße Bohnen mit Salbei

Dolce vita zu Hause? Dafür ist dieser Salat, den man unter anderem in Venedig serviert, wie gemacht. Überhaupt haben Bohnensalate in verschiedenen Variationen in ganz Italien große Tradition.

Für 4 Personen
Zubereitungszeit: 120 Minuten

Zutaten

400 g getrocknete weiße Bohnen
1 Schalotte
2 Knoblauchzehen
4 Roma-Tomaten
2 Stängel frischer Salbei
½ Bund frische glatte Petersilie
6 EL Olivenöl
Salz
frisch gemahlener weißer Pfeffer

Die Bohnen in einem Topf mit 2,5 l Wasser bedecken und zum Kochen bringen. Die Bohnen 1 Stunde im warmen Wasser quellen lassen. Das Wasser abgießen. Die Bohnen erneut mit Wasser bedecken und zum Kochen bringen. Die Bohnen 70–90 Minuten bei mittlerer Temperatur weich kochen. Über einem Sieb abschütten und das Kochwasser dabei auffangen.

Die Schalotte abziehen und in feine Würfel schneiden. Die Knoblauchzehen abziehen und zerdrücken. Die Tomaten waschen, den Stielansatz entfernen und das Fruchtfleisch in Würfel schneiden. Den Salbei waschen, trockentupfen und die Blättchen abzupfen. Petersilie ebenfalls waschen, trockentupfen, Blättchen abzupfen und fein hacken.

Das Olivenöl in einem Topf erhitzen, Schalotten, Knoblauch und Salbei darin 3–4 Minuten anschwitzen. Tomatenwürfel, Bohnen und 4–5 EL Kochwasser einrühren. Mit Salz und Pfeffer würzen und 1 Minute kochen lassen, bis die Bohnen den Fond aufgesogen haben. Mit Petersilie bestreut servieren.

Mozzarella-Salat mit Minze, Zitronenöl und Pinienkernen

Verwenden Sie für dieses Gericht am besten Büffelmozzarella. Er ist nicht nur weicher als Kuhmilchprodukte und zergeht deshalb fast im Mund, er ist auch wesentlich aromatischer und kräftiger. Ursprünglich kommt dieser Weichkäse aus Kampanien, einer Region im Süden Italiens.

Für 4 Personen
Zubereitungszeit: 15 Minuten

Zutaten

500 g Büffelmozzarella
½ Bund frische Minze
40 g Pinienkerne
Abrieb von ½ unbehandelten Zitrone
3 EL Olivenöl
2 EL Zitronensaft
1 TL Honig
Salz
frisch gemahlener schwarzer Pfeffer

- Den Mozzarella mit den Fingern in Stücke zupfen. Die Minze waschen, trockentupfen und die Blättchen von den Stielen zupfen. Die Pinienkerne in einer Pfanne ohne Fett goldbraun rösten. Zitronenabrieb, Olivenöl, Zitronensaft und Honig in einer Schüssel kräftig verrühren und mit Salz und Pfeffer würzen.

- Den Mozzarella mit den Minzblättern auf Tellern anrichten und mit dem Dressing beträufeln. Zum Servieren die Pinienkerne darüberstreuen.

Olivenöl-Tomaten mit Rosmarin

Olivenöl in Verbindung mit sonnengereiften Tomaten ist ein Klassiker der mediterranen Küche. Hier garen die Tomaten darin und erhalten so ein besonders intensives Aroma.

Für 4 Personen
Zubereitungszeit: 15 Minuten

Zutaten

400 g Kirschtomaten
½ Bund frischer Rosmarin
750 ml Olivenöl

- Die Kirschtomaten von den Rispen lösen, waschen und trockentupfen. Die Rosmarinstängel waschen und trockentupfen.

- Olivenöl und Rosmarin in einem Topf langsam erhitzen. Die Tomaten hinzufügen und 3 Minuten garen, bis die Haut leicht platzt. Den Topf von der Herdplatte nehmen und auskühlen lassen.

- Mit einer Schöpfkelle die Tomaten aus dem Olivenöl heben und in Schälchen servieren.

Griechischer Salat mit Ei und Sardellen

Ein griechischer Sommersalat – auch Bauernsalat oder *choriatiki* genannt – ist der ideale Begleiter zu Fleisch- und Fischgerichten. In Griechenland wird er traditionell auch in einer Schüssel als gemeinschaftliche Vorspeise serviert.

Für 4 Personen
Zubereitungszeit: 20 Minuten

Zutaten

Für den Salat

1 Kopfsalat
4 Eier
1 rote Paprikaschote
1 gelbe Paprikaschote
200 g Datteltomaten
2 rote Zwiebeln, in feine Ringe geschnitten
200 g Feta, gewürfelt
100 g Kalamata-Oliven ohne Stein
4 Sardellenfilets
Salz
frisch gemahlener schwarzer Pfeffer

Für das Dressing

5 EL Olivenöl
1 Spritzer Zitronensaft
2 EL Rotweinessig
Salz
frisch gemahlener schwarzer Pfeffer
1 TL frische Oreganoblättchen

Den Kopfsalat waschen, in grobe Stücke zerteilen und trockenschleudern. Die Eier in kochendem Wasser 7 Minuten kochen, kalt abschrecken, pellen und halbieren. Die Paprikaschoten waschen, halbieren, Samen und Trennwände entfernen und das Fruchtfleisch in Streifen schneiden. Die Datteltomaten waschen, trockentupfen und halbieren.

Für das Dressing Olivenöl, Zitronensaft und Essig mischen. Mit Salz und Pfeffer würzen. Die Oreganoblättchen dazugeben.

Alle Zutaten auf einer Platte anrichten, mit Salz und Pfeffer würzen und mit dem Dressing beträufelt servieren.

Blumenkohlsalat mit Kichererbsen

Blumenkohl ist ein kulinarischer Alleskönner. Hier verwöhnt er Ihren Gaumen als fruchtiger Salat mit einer leichten orientalischen Note.

Für 4 Personen
Zubereitungszeit: 45 Minuten

Zutaten

1 Blumenkohl
200 g kleine Karotten mit Grün
2 rote Zwiebeln
3 Stängel frischer Rosmarin
9 EL Olivenöl
2 TL Currypulver
200 g Tomaten
200 g Kichererbsen (aus der Dose)
4 Stängel frisches Basilikum
5 EL Apfelessig

Den Backofen auf 180 °C Ober-/Unterhitze vorheizen. Den Blumenkohl putzen und in kleine Röschen teilen. Die Karotten schälen, die Zwiebeln abziehen und in Spalten schneiden.

Das Gemüse mit dem Rosmarin auf ein mit Backpapier belegtes Blech legen, mit 3 EL Olivenöl beträufeln und mit Currypulver bestauben. 15–20 Minuten auf der mittleren Schiene backen.

Die Tomaten waschen, den Stielansatz entfernen und das Fruchtfleisch in Würfel schneiden. Die Kichererbsen gründlich abwaschen und über einem Sieb abtropfen lassen. Basilikum waschen, trockenschütteln und die Blättchen von den Stielen zupfen. Apfelessig und das restliche Olivenöl verrühren.

Das Ofengemüse mit den Tomaten und den Kichererbsen mischen und mit der Vinaigrette beträufeln. Den Salat mit Basilikumblättern bestreut servieren.

Gegrillte Ananas mit Ziegenkäse und Rosmarinhonig

Ziegenkäse mit Honig ist ein echter Feinschmecker-Klassiker – nicht nur in Frankreich. Hier wird mit süßer Ananas das Aromenspiel verfeinert.

Für 4 Personen
Zubereitungszeit: 30 Minuten

Zutaten

1 mittelgroße Ananas
5 EL Honig
2 Stängel frischer Rosmarin
8 Ziegenkäsetaler

Die Ananas an beiden Enden abschneiden, senkrecht hinstellen und die Schale rundherum abschneiden. Die Ananas längs vierteln, den holzigen Strunk in der Mitte entfernen, die Viertel in 1 cm dicke Stücke schneiden und auf einem heißen Grill von jeder Seite 1–2 Minuten grillen.

Honig und Rosmarin in einer Pfanne erhitzen. Die gegrillten Ananasstücke in die Pfanne geben und durchschwenken. Die Ananas mit dem Ziegenkäse servieren.

Karamellisierte Mandeln mit Paprika

Die süß-herbe Kombination von karamellisierten Mandeln und edelsüßer Paprika inspiriert die Sinne und lässt die Geschmacksknospen auf die Reise gehen.

Für 4 Personen
Zubereitungszeit: 15 Minuten

Zutaten

300 g Mandeln mit Haut
40 g Zucker
2 TL edelsüßes Paprikapulver

Den Backofen auf 180 °C Ober-/Unterhitze vorheizen. Die Mandeln auf ein mit Backpapier belegtes Blech legen und gleichmäßig mit dem Zucker bestreuen. Im Ofen 10 Minuten backen, bis sich der Zucker auflöst. Das Blech aus dem Ofen nehmen und die heißen Mandeln mit dem Paprikapulver bestreuen.

Auskühlen lassen und in Schälchen servieren.

Fenchel-Albóndigas mit Tomatensauce

Albóndigas en tomate sind Hackfleischbällchen in fruchtiger Tomatensauce. Sie gehören zu den begehrtesten Tapas in spanischen Bars. Vielleicht, weil sie so unglaublich lecker sind?

Für 4 Personen
Zubereitungszeit: 35 Minuten

Zutaten

Für die Albóndigas

600 g Lammhackfleisch
4 Schalotten
1 TL Fenchelsamen
2 Knoblauchzehen
2 Eier
4 EL Weizenmehl (Type 1050)
Meersalz
frisch gemahlener schwarzer Pfeffer
3 EL Olivenöl

Für die Tomatensauce

500 g passierte Tomaten
2 EL Tomatenmark
½ Bund frische Petersilie
2 kleine rote Paprikaschoten
Meersalz
frisch gemahlener schwarzer Pfeffer

Das Hackfleisch in eine Schüssel geben. Die Schalotten abziehen und in feine Würfel schneiden. Die Fenchelsamen im Mörser zerkleinern. Die Knoblauchzehen abziehen und fein hacken.

Schalotten, Knoblauch, Fenchelsamen, Eier und Mehl gut mit dem Lammhackfleisch vermengen. Mit Salz und Pfeffer würzen. Die Hände anfeuchten und aus der Hackmasse Bällchen formen. Das Olivenöl in einer beschichteten Pfanne erhitzen und die Hackbällchen darin portionsweise 8–12 Minuten bei mittlerer Temperatur braten.

Für die Sauce passierte Tomaten und Tomatenmark in einem Topf bei geringer Temperatur 5 Minuten kochen lassen. Die Petersilie waschen, trockenschütteln, Blättchen abzupfen und fein hacken. Die Paprikaschoten waschen, halbieren und entkernen. Die Paprikahälften in kleine Würfel schneiden und in die Sauce geben. Die Sauce 10 Minuten bei geringer Temperatur köcheln lassen. Mit Salz und Pfeffer würzen und mit einem Stabmixer pürieren.

Die frische Petersilie in die Sauce geben und mit den heißen Lammhackbällchen servieren.

Kichererbsenspieße

Kichererbsen sind voller Proteine und leicht zu verarbeiten. Kross von außen und weich von innen, so ist es doch am besten. Mit diesem Rezept haben Sie ein besonderes Geschmackserlebnis und zugleich fällt Ihnen das gesunde Essen viel leichter.

Für 4 Personen
Zubereitungszeit: 25 Minuten

Zutaten

600 g Kichererbsen (aus dem Glas)
6 EL Kichererbsenmehl
3 Eier
3 EL frisch gehackte Petersilie
3 EL frisch gehackte Minze
Meersalz
2 EL Olivenöl
300 g Magerjoghurt (1,5 %)
frisch gemahlener schwarzer Pfeffer
Chiliflocken

- Die Kichererbsen gründlich waschen und gut abtropfen lassen. Kichererbsen, Kichererbsenmehl, Eier, Petersilie und Minze in der Küchenmaschine mixen. Die Masse mit Salz würzen.

- Aus der Kichererbsenmasse mit feuchten Händen kleine Taler formen und diese auf Holzspieße stecken. Das Olivenöl in einer Grillpfanne erhitzen und die Spieße darin von jeder Seite 3–4 Minuten bei mittlerer Temperatur braten.

- Den Joghurt mit Salz und Pfeffer würzen und glatt rühren. Die Kichererbsenspieße mit Chiliflocken bestreuen und mit dem Joghurt servieren.

Zucchiniblüten mit Ricotta-Füllung

Eine der Spezialitäten Umbriens ist Ricotta. Und schön gefärbte Zucchiniblüten verlocken gerade dazu, sie mit der milchiggeschmeidigen Köstlichkeit zu füllen.

Für 4 Personen
Zubereitungszeit: 25 Minuten

Zutaten

300 g Ricotta
40 g Pecorino, frisch gerieben
4 Stängel frisches Basilikum
Cayennepfeffer
Salz
20 Zucchiniblüten
100 g Maisstärke
80 g Weizenmehl (Type 1050) plus etwas zum Bestauben
¼ Pck. Backpulver
1,5 l Sonnenblumenöl

Ricotta in einer Schüssel mit dem geriebenen Pecorino vermengen. Basilikum waschen, trockentupfen, Blättchen von den Stielen zupfen und fein hacken. Dann unter die Ricottamasse heben. Mit einer Prise Cayennepfeffer und Salz würzen.

Die Zucchiniblüten behutsam öffnen und die Ricottamasse einfüllen. Die Blütenenden zusammendrehen. Maisstärke, Mehl und Backpulver in eine Schüssel mit 400 ml Eiswasser geben und grob mischen. 10 Minuten ruhen lassen.

Das Sonnenblumenöl auf 160 °C erhitzen. Die gefüllten Blüten mit Mehl bestauben und in den Teig tauchen. Jede Blüte 2 Minuten in dem heißen Fett ausbacken. Die Blüten auf Küchenpapier abtropfen lassen, mit Salz abschmecken und heiß servieren.

Sardellen mit Zitrone

Meer, Seeluft und Sonne pur – mit diesem Gericht sind Sie dem mediterranen Feeling nicht mehr fern. Fehlt nur noch das Flugticket …

Für 4 Personen
Zubereitungszeit: 15 Minuten

Zutaten

1,5 l Sonnenblumenöl
500 g Sardellen
Weizenmehl (Type 1050) zum Wenden
Salz
3 Zitronen

Das Öl auf 160 °C erhitzen. Die Sardellen in Mehl wenden, dabei darauf achten, dass diese nicht aneinanderkleben. Die panierten Sardellen portionsweise im heißen Öl 2 Minuten frittieren. Auf Küchenpapier abtropfen lassen und salzen.

Zum Servieren die Zitronen in Spalten schneiden und zu den Sardellen reichen.

Gebeizter Orangenlachs

Gleich doppelt fein: Durch das Beizen bekommt der Lachs eine schöne bissfeste Struktur und ist wunderbar würzig. Und die spritzigen Orangen- und Zitronenaromen verleihen diesem mediterranen Gericht das gewisse Etwas.

Für 4 Personen
Zubereitungszeit: 45 Minuten + 12 Stunden Einwirkzeit

Zutaten

800 g frischer Lachs
1 Orange
Abrieb von 2 unbehandelten Orangen
1 Bund frischer Dill
2 EL zerstoßener schwarzer Pfeffer
160 g Meersalz
100 g Zucker
40 ml Orangensaft

Das Lachsfilet nach Gräten abtasten und bei Bedarf mit einer Pinzette entfernen. Die Orangen heiß abwaschen, die Schale der unbehandelten Orangen fein abreiben und die Früchte danach in Scheiben schneiden.

Den Dill waschen, trockenschleudern und grob schneiden. Dill, Orangenabrieb, Pfeffer, Salz und Zucker mischen. Ein Stück Backpapier (50 × 50 cm) auf der Arbeitsfläche auslegen. Ein Drittel der Beize gleichmäßig in der Mitte verteilen und den Lachs darauflegen. Den Lachs mit Orangenscheiben belegen und mit der restlichen Beize bedecken. Den Orangensaft darüberträufeln und den Lachs in Backpapier einschlagen. Das Päckchen mit Küchengarn zubinden.

Den verpackten Lachs in eine Auflaufform legen und mit Tellern beschweren. 12 Stunden im Kühlschrank ziehen lassen. Den Lachs aus der Beize holen, unter kaltem Wasser abspülen. Mit einem Messer in dünne Scheiben schneiden und mit frischer Zitrone und Olivenöl servieren.

Gebratener Oktopus in Kichererbsenmehl

Wer keine Lust mehr auf Thunfisch oder Lachs hat, sollte sich unbedingt an diesem fischigen Hochgenuss ausprobieren, der wohl nicht alle Tage auf den Teller kommt. Oder bald vielleicht doch?

Für 4 Personen
Zubereitungszeit: 75 Minuten

Zutaten

1 Oktopus (ca. 800 g)
Meersalz
1 unbehandelte Zitrone
2 Stängel frischer Rosmarin
3 Stängel frischer Salbei
1 getrocknetes Lorbeerblatt
1 TL weiße Pfefferkörner
2 EL Rotweinessig
1 Ei
40 g Kichererbsenmehl
2 EL Olivenöl
frisch gemahlener schwarzer Pfeffer
2 unbehandelte Orangen

Den Oktopus waschen und in einen Topf legen. So viel Wasser dazugießen, dass der Oktopus gerade bedeckt ist. Das Wasser salzen.

Die Zitrone heiß abwaschen und in Scheiben schneiden. Die Kräuter waschen, trockenschütteln und mit Küchengarn zusammenbinden. Das Kräuterbündel, drei Zitronenscheiben, Lorbeerblatt, Pfefferkörner und Rotweinessig zum Oktopus geben. Den Oktopus 50–60 Minuten bei mittlerer Temperatur köcheln lassen, bis er weich ist.

Den gekochten Oktopus aus dem Wasser nehmen und auf einem Sieb abtropfen lassen. Die violette Haut unter fließendem kaltem Wasser entfernen.

Die Tentakel in 3 cm große Stücke schneiden. Das Ei mit ein paar Tropfen Wasser verquirlen. Die Tentakel erst im verquirlten Ei und anschließend im Kichererbsenmehl wenden.

Das Olivenöl in einer beschichteten Pfanne erhitzen und den Oktopus darin von jeder Seite 2 Minuten scharf anbraten. Mit Salz und Pfeffer würzen. Die Orangen vierteln.

Den heißen Oktopus mit den Orangenvierteln servieren.

Pasta & Reis

Pasta gehört zu Italien wie das Salz in die Suppe. Freuen Sie sich auf Klassiker und raffinierte Rezepte der mediterranen Küche – charmant präsentiert und unwiderstehlich lecker. Fruchtige Tomatensauce, sämiges Risotto und feines Butteraroma verbinden sich hier optimal mit ihren Begleitern. Worauf warten Sie noch? Zaubern Sie den Geschmack Italiens auf den Tisch!

Spaghetti mit Butter und Parmesan

Pasta, Butter, Parmesan, Pfeffer und Salz: Mehr braucht man nicht für typisch italienischen Genuss. Richtig einfach – und einfach immer richtig gut.

Für 4 Personen
Zubereitungszeit: 25 Minuten

Zutaten

Salz
500 g Spaghetti
200 g Butter
100 g Parmesan, frisch gerieben
frisch gemahlener weißer Pfeffer

- Einen Topf mit Salzwasser zum Kochen bringen. Die Spaghetti darin 9 Minuten bissfest kochen. Die Nudeln über einem Sieb abgießen und das Kochwasser dabei auffangen.

- Die Butter in einer großen Pfanne zerlassen, Spaghetti und vier Kellen Nudelkochwasser dazugeben. Unter Rühren die Nudeln 3 Minuten kochen lassen, bis die Flüssigkeit komplett aufgesogen ist.

- Die Nudeln aus der Pfanne nehmen, mit dem Parmesan bestreuen, mit Salz und Pfeffer abschmecken und heiß servieren.

Schwarze Linguine mit Tomaten-Avocado-Salsa

Sepiatinte verleiht der Pasta die schwarze Farbe. Damit kreieren Sie nicht nur optisch, sondern auch geschmacklich etwas Außergewöhnliches.

Für 4 Personen
Zubereitungszeit: 45 Minuten

Zutaten

300 g schwarze Linguine
Salz
300 g Strauchtomaten
2 Avocados
Saft von 1 Zitrone
1 rote Zwiebel
3 EL Olivenöl
2 EL Rotweinessig
frisch gemahlener schwarzer Pfeffer
4 Stängel frisches Basilikum

Die Linguine in reichlich kochendem Salzwasser bissfest kochen, über einem Sieb abschütten und zur Seite stellen.

Die Tomaten waschen, den Stielansatz entfernen und das Fruchtfleisch in Würfel schneiden. Avocados halbieren, den Kern entfernen, das Fruchtfleisch mit einem Löffel aus der Schale lösen, in Würfel schneiden und mit Zitronensaft beträufeln.

Die Zwiebel abziehen und in feine Würfel schneiden. Tomaten-, Avocado- und Zwiebelwürfel vermischen. Mit Olivenöl und Essig verrühren und mit Salz und Pfeffer abschmecken.

Basilikum waschen, trockenschütteln und die Blättchen abzupfen. Linguine mit der Salsa und frischem Basilikum servieren.

Auberginenpasta

Dieses Pastagericht schmeckt wie Urlaub am Mittelmeer – einfach herrlich! Denn die Auberginen verleihen den Nudeln einen einzigartigen Geschmack.

Für 4 Personen
Zubereitungszeit: 30 Minuten

Zutaten

1 große Aubergine
Salz
2 Schalotten
1 Knoblauchzehe
300 g Kirschtomaten
4 EL Olivenöl
4 EL frisch gehackte Petersilie
300 g Penne
frisch gemahlener schwarzer Pfeffer
40 g Grana Padano, frisch gerieben

Auberginen waschen, putzen, in 1 cm große Würfel schneiden und kräftig salzen. 10 Minuten ziehen lassen, das Salz unter fließendem Wasser abwaschen und die Auberginenwürfel gut abtropfen lassen.

DIe Schalotten und die Knoblauchzehe abziehen, die Schalotten würfeln und die Knoblauchzehen fein hacken. Die Kirschtomaten waschen, trockentupfen und halbieren.

Olivenöl in einer Pfanne erhitzen, die Auberginenwürfel darin 2 Minuten stark anbraten. Knoblauch, Zwiebeln und Petersilie hinzufügen und bei mittlerer Temperatur weiterbraten.

Die Penne in kochendem Salzwasser bissfest kochen.

Kirschtomaten zu den Auberginen geben und mit Salz und Pfeffer abschmecken. Die Nudeln und Auberginensauce auf Tellern anrichten und mit frisch geriebenem Grana Padano bestreut servieren.

Tagliatelle mit Spinat und karamellisierten Kirschtomaten

Italiens Seele in einem Gericht. Pasta wie aus dem Bilderbuch und sonnengereifte Tomaten lassen das Fernweh nach dem »Stiefel Europas« ins fast Unermessliche wachsen.

Für 4 Personen
Zubereitungszeit: 35 Minuten

Zutaten

250 gehackter TK-Spinat
1 Zwiebel
½ Knoblauchzehe
3 EL Olivenöl
100 g süße Sahne
30 g Parmesan
Salz
frisch gemahlener schwarzer Pfeffer
frisch geriebene Muskatnuss
400 g Tagliatelle
300 g Kirschtomaten
½ TL Zucker

Den Spinat auftauen. Die Zwiebel abziehen und in feine Würfel schneiden. Die Knoblauchzehe abziehen und fein hacken. 2 EL Olivenöl in einem Topf erhitzen. Zwiebel und Knoblauch darin glasig anschwitzen. Dann den Spinat hinzufügen und mit Sahne aufgießen. 3 Minuten kochen lassen.

Den Parmesan reiben und unter den Spinat rühren. Die Sauce mit Salz, Pfeffer und Muskat abschmecken. Die Nudeln in kochendem Salzwasser bissfest kochen.

Die Kirschtomaten waschen, trockentupfen, halbieren und im restlichen Olivenöl scharf anbraten. Mit etwas Salz und dem Zucker bestreuen und 30 Sekunden in der Pfanne karamellisieren.

Die Tagliatelle mit dem Spinat und den Tomaten anrichten und servieren.

Safranrisotto mit Garnelen

Ein gutes Risotto ist schön cremig, die Reiskörner haben aber trotzdem noch richtig Biss. Da kommt es auf den richtigen Reis an. Arborioreis ist hierfür immer eine gute Wahl.

Für 4 Personen
Zubereitungszeit: 55 Minuten

Zutaten

1,2 l Hühnerbrühe
1 g Safranfäden
4 EL Olivenöl
2 Zwiebeln, gewürfelt
150 ml trockener Weißwein
360 g Risottoreis
40 g Butter
60 g Parmesan, frisch gerieben
Salz
frisch gemahlener weißer Pfeffer
Saft von ½ Zitrone
2 Knoblauchzehen
400 g Garnelen
2 Stängel frischer Rosmarin

Die Brühe in einem Topf mit Deckel zum Kochen bringen. Die Safranfäden in ein Stück Alufolie einschlagen und in einer Pfanne bei mittlerer Temperatur rösten.

2 EL Olivenöl in einem Topf erhitzen, die Zwiebeln darin glasig anschwitzen. Mit dem Weißwein ablöschen und auf die Hälfte reduzieren. Risottoreis und Safran dazugeben und 2–3 Minuten mitdünsten. Die heiße Brühe hinzufügen und alles verrühren, damit der Reis nicht am Boden festklebt. 15 Minuten unter ständigem Rühren kochen, bis die Brühe fast aufgesogen ist.

Die Butter zufügen und geriebenen Parmesan einstreuen. Das Risotto mit Salz, Pfeffer und Zitronensaft abschmecken. Die Knoblauchzehen abziehen. Die Garnelen in dem restlichen heißen Olivenöl mit Rosmarin und Knoblauch von jeder Seite 3 Minuten braten und zusammen mit dem Risotto servieren.

Erbsenrisotto mit Minze

Erbsen und Minze sind für viele Gerichte eine Bereicherung, und das nicht nur geschmacklich durch zarten Biss und sehr viel Frische. Das frische Grün sorgt noch dazu direkt für gute Laune.

Für 4 Personen
Zubereitungszeit: 55 Minuten

Zutaten

1,2 l Hühnerbrühe
3 EL Olivenöl
1 Zwiebel, gewürfelt
1 Knoblauchzehe, fein gehackt
100 ml Weißwein
400 g Arborioreis
250 g TK-Erbsen, aufgetaut
Salz
100 g Zuckerschoten
½ Bund frische Minze
1 TL grobes Meersalz
60 g Parmesan
40 g Butter

Die Brühe in einem Topf mit Deckel zum Kochen bringen. 2 EL Olivenöl in einem Topf erhitzen. Zwiebel und Knoblauch darin 2 Minuten glasig anschwitzen, mit Weißwein ablöschen und die Flüssigkeit 3 Minuten einkochen. Arborioreis hinzufügen und 1 Minute unter Rühren mit anschwitzen. Die Brühe dazugeben und den Reis unter ständigem Rühren bei mittlerer Temperatur 20–25 Minuten kochen lassen.

Inzwischen die Erbsen in kochendem Salzwasser 2 Minuten garen, abgießen und abschrecken. Die Zuckerschoten in kochendem Wasser blanchieren. Die Minze waschen, trockenschütteln, Blättchen abzupfen und im Mörser mit Meersalz und 1 EL Olivenöl fein zermahlen.

Den Parmesan reiben. Butter, Parmesan und Minze unter den Reis heben und vermengen. Erbsen und Zuckerschoten zugeben und servieren.

Reiseintopf mit Lachs und Garnelen

Wenn Sie Reis eher langweilig finden, sollten Sie diese geniale Kombination ausprobieren. Ganz sicher: So sehr haben Sie ihn noch nie in einem Gericht geliebt! Und Fisch und Meeresfrüchte dazu sind auch nicht zu verachten.

Für 4 Personen
Zubereitungszeit: 50 Minuten

Zutaten

3 Stangen Staudensellerie
2 kleine Karotten
3 Zwiebeln
2 Knoblauchzehen
500 g Garnelen
200 g Lachs
3 EL Olivenöl
150 ml Weißwein
2 l Fischfond
250 g Risottoreis
40 g Mandelblättchen
Salz
frisch gemahlener schwarzer Pfeffer

Staudensellerie putzen. Karotten schälen, Zwiebeln und Knoblauchzehen abziehen und alles in feine Würfel schneiden. Die Garnelen putzen und den Darm entfernen. Den Lachs in grobe Würfel schneiden.

Das Olivenöl in einem Topf erhitzen. Staudensellerie, Karotten, Zwiebeln und Knoblauch darin 2 Minuten anschwitzen. Mit dem Weißwein ablöschen und auf die Hälfte einkochen lassen. Mit dem Fischfond aufgießen. Risottoreis hinzufügen und 20 Minuten unter ständigem Rühren kochen lassen.

Lachs und Garnelen hinzufügen und 10 Minuten bei geringer Temperatur weiterkochen. Mandelblättchen in einer beschichteten Pfanne ohne Fett goldbraun anrösten. Den Eintopf mit Salz und Pfeffer abschmecken. Zum Servieren in warme Teller verteilen und mit Mandeln bestreuen.

Grießnocken mit Käse

Küchlein mal ganz anders – für Grießliebhaber mit Extrapfiff. Und: Sie eignen sich sowohl als Hauptgang wie auch in kleineren Mengen als Beilage.

Für 4 Personen
Zubereitungszeit: 55 Minuten + 2 Stunden Kühlzeit

Zutaten

1,5 l Milch (3,5 %)
320 g Hartweizengrieß
6 Eigelb
200 g Camembert ohne Rinde, in Stücke geschnitten
Salz
frisch gemahlener schwarzer Pfeffer
3 EL Olivenöl
80 g Provolone, frisch gerieben
100 g Mozzarella, in Scheiben geschnitten
4 Stängel frischer Thymian
50 g Butter
100 g Kirschtomaten, halbiert
½ Bund frischer Schnittlauch, in Röllchen geschnitten

Die Milch in einem Topf zum Kochen bringen und den Grieß nach und nach einrühren. Unter ständigem Rühren 4–5 Minuten kochen. Den Topf von der Herdplatte nehmen und 2 Minuten ruhen lassen. Dann das Eigelb und den Camembert untermengen. Mit Salz und Pfeffer würzen. Die Masse in eine mit Olivenöl gefettete Auflaufform (20 × 30 cm) füllen und 2 Stunden kalt stellen.

Die erkaltete Masse aus der Form stürzen und in Streifen (4 × 10 cm) schneiden. Die Streifen auf ein mit Backpapier belegtes Blech geben. Den Backofengrill vorheizen. Die Streifen mit Provolone und Mozzarella bedecken. Thymian waschen, trockenschütteln, die Blättchen abzupfen und darüberstreuen. 3–4 Minuten unter dem Grill gratinieren.

Währenddessen die Butter in einer Pfanne zerlassen, halbierte Kirschtomaten und Schnittlauchröllchen hinzufügen und die Grießnocken damit übergießen.

Gnocchi mit Salbei-Nuss-Butter

So einfach – so gut: Gnocchi umspielt von nussiger Buttrigkeit und würzigem Salbei bringen mediterranes Flair auf den Teller und lassen sich schnell zubereiten.

Für 4 Personen
Zubereitungszeit: 45 Minuten

Zutaten

Für die Gnocchi

500 g große mehligkochende Kartoffeln
500 g Hokkaidokürbis
50 g Grana Padano, frisch gerieben
100 g Weizenmehl (Type 1050) plus etwas zum Ausrollen
2 Eigelb
Salz
frisch gemahlener weißer Pfeffer
frisch geriebene Muskatnuss

Für die Salbei-Nuss-Butter

80 g Butter
8 Stängel frischer Salbei, Blättchen abgezupft
30 g Walnusskerne, gehackt
Abrieb von ½ unbehandelten Limette

Den Backofen auf 170 °C Ober-/Unterhitze vorheizen. Kartoffeln und Kürbis auf ein mit Backpapier belegtes Blech geben und 50–60 Minuten backen. Kartoffeln und Kürbis halbieren und das Fruchtfleisch mit einem Löffel aus den Schalen lösen. Schnell in einer Schüssel vermengen.

Grana Padano, gesiebtes Mehl und Eigelb hinzufügen und alles zu einer geschmeidigen Masse kneten. Mit Salz, Pfeffer und Muskat abschmecken. Die Masse auf einer bemehlten Arbeitsfläche in 4 cm dicke Rollen formen und in 2 cm dicke Scheiben schneiden. Mit dem Daumen je eine Mulde eindrücken und auf ein bemehltes Blech legen.

Die Gnocchi in leicht kochendem Wasser 2 Minuten garen, die Temperatur reduzieren und so lange ziehen lassen, bis sie oben schwimmen. Mit einer Schaumkelle aus dem Wasser heben.

Die Butter in einer Pfanne zerlassen. Salbei, Walnüsse und Limettenabrieb zufügen. Die Gnocchi in der Butter 3 Minuten goldbraun braten und servieren.

Gratinierte Polenta mit Provolone und Ochsenherztomate

Verwenden Sie für dieses Gericht am besten Instantpolenta, das spart eine Menge Zeit und schmeckt wunderbar.

Für 4 Personen
Zubereitungszeit: 35 Minuten

Zutaten

100 g Polenta
200 g süße Sahne
20 g Butter
100 g Provolone
Salz
1 große Ochsenherztomate

- 600 ml Wasser in einem Topf zum Kochen bringen. Die Polenta portionsweise unter ständigem Rühren einstreuen und 2 Minuten kochen. Sahne und Butter hinzufügen. Bei mittlerer Temperatur unter ständigem Rühren kochen, bis die Polenta sämig wird.

- Den Backofen auf 220 °C Ober-/Unterhitze vorheizen.

- Den Provolone reiben und die Hälfte vom Käse unter die Polenta mischen. Mit Salz abschmecken. Die Ochsenherztomate waschen, vom Stielansatz befreien und in Scheiben schneiden. Die Polentamasse 1 cm hoch in eine Auflaufform (20 × 30 cm) gießen, mit Tomatenscheiben belegen und mit dem restlichen Käse bestreut im Ofen 5–7 Minuten gratinieren.

- Die Polenta heiß servieren.

Tipp: Sie können die übrig gebliebene Polenta nach dem Erkalten wunderbar in Stücke schneiden und in der Pfanne in Olivenöl anbraten.

Hauptgerichte

Spezialitäten der mediterranen Küche haben ein Aroma, das nach Sonne und Urlaub schmeckt. Fisch und Meeresfrüchte, Lammfleisch oder Kalbsschnitzel, gutes Olivenöl, sonnengereiftes Gemüse, Couscous und Co. versprechen vielfältige, unnachahmliche Aromen. Alle Rezepte werden Ihnen authentisch und einfach zum Nachkochen vorgestellt. Genießen dürfen Sie dann mit Familie und Freunden. Guten Appetit!

Waldpilze mit Schinken

Temperament, überschäumende Lebensfreude und ein bisschen Drama: Was der Flamenco im Tanz verbindet, das bringen hier frische Waldpilze und würziger Serranoschinken auf den Teller. ¡Olé!

Für 4 Personen
Zubereitungszeit: 25 Minuten

Zutaten

700 g Waldpilze
2 mittelgroße rote Zwiebeln
100 g spanischer Serranoschinken
1 Knoblauchzehe
½ Bund frische Petersilie
3 EL Olivenöl
Meersalz
frisch gemahlener schwarzer Pfeffer
edelsüßes Paprikapulver
Abrieb von 1 unbehandelten Zitrone

Die Pilze putzen, in 2–3 cm große Stücke schneiden und beiseitestellen. Die Zwiebeln abziehen und in feine Würfel schneiden. Den Schinken in Streifen schneiden. Die Knoblauchzehe abziehen und in Scheiben schneiden. Die Petersilie waschen, trockenschütteln, Blättchen abzupfen und fein hacken.

Das Olivenöl in einer beschichteten Pfanne erhitzen und die Pilze darin portionsweise 3 Minuten scharf anbraten. Mit Salz, Pfeffer und einer Prise Paprikapulver würzen. Aus der Pfanne nehmen und auf Küchenpapier abtropfen lassen.

Die Pfanne wieder auf die Herdplatte stellen. Zwiebeln und Knoblauch darin 2 Minuten anschwitzen. Dann gehackte Petersilie, Schinkenstreifen und Zitronenabrieb hinzufügen. Mit Salz und Pfeffer abschmecken.

Die Pilze mit der Kräuter-Schinken-Masse mischen und servieren.

Erbsen mit Pata Negra

Spanien ohne seine luftgetrockneten Schinkenspezialitäten? Unvorstellbar! Der gesalzene Pata-Negra-Schinken ist besonders aromatisch und reift 12 bis 18 Monate.

Für 4 Personen
Zubereitungszeit: 30 Minuten

Zutaten

3 rote Zwiebeln
20 g Speck
100 g spanischer Schinken (Pata Negra)
2 Stängel frische Minze
2 EL Olivenöl
600 g TK-Erbsen, aufgetaut
1 Zimtstange
200 ml Fleischbrühe
Salz
frisch gemahlener schwarzer Pfeffer

Die Zwiebeln abziehen und in feine Streifen schneiden. Speck und Schinken ebenfalls in Streifen schneiden. Die Minze waschen, trockenschütteln und die Blättchen abzupfen.

Das Olivenöl in einem Topf erhitzen und die Zwiebelstreifen darin 10 Minuten glasig anschwitzen. Anschließend Speck und Schinken dazugeben und 2 Minuten braten. Die Tiefkühlerbsen untermengen. Zimtstange und Minze dazugeben und 5 Minuten mitbraten.

Mit der Fleischbrühe ablöschen und 3 Minuten köcheln lassen. Ein Viertel der Erbsenmischung aus dem Topf nehmen und fein pürieren. Das Püree wieder in den Topf geben und gut verrühren. Mit Salz und Pfeffer würzen und servieren.

FRANCE

Quiche mit Tomaten

Quiche ist ein typisches Gericht der französischen Küche, das traditionell mit Speck, Zwiebeln, Käse, Eiern und Sauerrahm zubereitet wird. Wir bereiten sie stattdessen mit Magerquark und Tomaten zu – eine leichte und blitzschnell zubereitete Variante.

Für 12 Stück
Zubereitungszeit: 40 Minuten

Zutaten

800 g Magerquark (20 %)
6 EL Olivenöl plus etwas für die Form
3 Eier
5 EL Hartweizengrieß plus etwas für die Form
1 Pck. Backpulver
2 EL frische Thymianblättchen
Meersalz
frisch gemahlener schwarzer Pfeffer
400 g Kirschtomaten

Den Quark in einer Schüssel glatt rühren. Das Olivenöl und die Eier mit dem Handrührgerät unter den Quark rühren. Dann Hartweizengrieß und Backpulver untermischen. Die Masse mit Thymian würzen und mit Meersalz und Pfeffer abschmecken.

Den Backofen auf 180 °C Ober-/Unterhitze vorheizen. Die Kirschtomaten waschen.

Eine Springform mit 26 cm Durchmesser mit Olivenöl fetten, mit Hartweizengrieß bestauben und mit dem Quarkteig füllen. Die Kirschtomaten waschen, trockentupfen und in die Masse drücken. Die Quiche 65–70 Minuten auf der mittleren Schiene backen, herausnehmen, erkalten lassen und servieren.

Tipp: Diese saftige Quiche muss vor dem Anschneiden ganz erkalten. Anschließend hält sie sich luftdicht verpackt 4–5 Tage problemlos im Kühlschrank.

Salat »Nizza«

Dieser Salatklassiker erinnert an den letzten Urlaub am Mittelmeer und schmeckt köstlich als Vorspeise oder kleine Mahlzeit. Perfekt mit frischem Baguette dazu!

Für 4 Personen
Zubereitungszeit: 40 Minuten

Zutaten

300 g grüne Bohnen
Salz
200 g Kirschtomaten
3 Eier, hart gekocht
1 gelbe Paprikaschote
8 EL Olivenöl
4 EL Rotweinessig
frisch gemahlener schwarzer Pfeffer
100 g schwarze Oliven ohne Stein
600 g frischer Thunfisch
5–6 Sardellenfilets

Die Bohnen putzen und in kochendem Salzwasser blanchieren. Die Kirschtomaten waschen und halbieren. Die Eier pellen und in Scheiben schneiden. Die Paprikaschote waschen, halbieren, Samen und Trennwände entfernen und das Fruchtfleisch in Streifen schneiden. 6 EL Olivenöl mit dem Rotweinessig mixen und mit Salz und Pfeffer abschmecken.

Bohnen, Kirschtomaten, Paprika und Oliven in einer Schüssel mischen und mit der Vinaigrette marinieren. Den Thunfisch in dünne Scheiben schneiden und im restlichen Olivenöl von jeder Seite 2 Minuten scharf anbraten.

Den Salat auf einer Platte anrichten, mit Eierscheiben und Sardellenfilets garnieren. Dazu den gebratenen Thunfisch reichen.

CUVÉE

Gefüllte Paprika

Gefüllte Paprika sind ein Klassiker der mediterranen Küche – und trotz ihrer Schlichtheit sind sie eine wahre Gaumenfreude. Probieren Sie dieses Rezept einfach aus!

Für 4 Personen
Zubereitungszeit: 40 Minuten

Zutaten

2 Auberginen
Salz
2 Knoblauchzehen
1 Zwiebel
2 EL Olivenöl
frisch gemahlener schwarzer Pfeffer
400 g gemischtes Hackfleisch
100 g Feta
1 TL getrockneter Oregano
4 rote Paprikaschoten

Die Auberginen in Würfel schneiden und kräftig salzen. 10 Minuten ziehen lassen, dann unter kaltem Wasser das Salz abspülen und die Auberginenwürfel trockentupfen. Die Knoblauchzehen abziehen und fein hacken. Die Zwiebel abziehen und fein würfeln.

Das Olivenöl in einer Pfanne erhitzen und die Auberginen darin kräftig anbraten. Knoblauch und Zwiebel hinzufügen und 2 Minuten anschwitzen. Mit Salz und Pfeffer würzen und beiseitestellen.

Den Backofen auf 180 °C Ober-/Unterhitze vorheizen.

Das Hackfleisch und die Auberginen-Zwiebel-Mischung vermengen. Den Feta hineinbröseln und nochmals mit Salz und Pfeffer würzen. Dann den Oregano unterheben.

Die Paprikaschoten waschen, großzügig einen Deckel abschneiden und Samen und Trennwände entfernen. Die Paprika mit der Hackmasse füllen, den Deckel wieder aufsetzen und im Ofen 40 Minuten backen. Heiß servieren.

Chorizo in Weißwein gedünstet

Chorizo, die Wurst mit roter Färbung und kräftig-würzigem Geschmack, ist ein Klassiker der spanischen Küche. Heizen Sie Ihrem Gaumen mit diesem Gericht ordentlich ein – Sie werden begeistert sein!

Für 4 Personen
Zubereitungszeit: 25 Minuten

Zutaten

350 g Chorizo am Stück
2 EL Olivenöl
2 Stängel frischer Rosmarin
2 Stängel frischer Thymian
2 Knoblauchzehen
1 EL Honig
1 TL edelsüßes Paprikapulver
50 ml trockener Weißwein
200 ml Geflügelbrühe

Die Chorizo in 4 cm große Stücke schneiden. Das Olivenöl in einem Topf erhitzen und die Wurst darin 5 Minuten dünsten. Rosmarin- und Thymianstängel, angedrückte Knoblauchzehen und Honig unterrühren und 2 Minuten mit dünsten.

Das Paprikapulver darüberstreuen, mit Weißwein ablöschen und mit der Geflügelbrühe auffüllen. 5 Minuten kochen. Dann von der Herdplatte nehmen, abdecken und im Topf auskühlen lassen.

Die Chorizo mit geröstetem Weißbrot und Paprikaconfit (siehe Seite 36) servieren.

Maishähnchen mit Gurken-Couscous

Der orientalische Couscous ist nicht nur einfach zuzubereiten, sondern passt auch gut zum pikant gewürzten Hähnchenfleisch. Getrocknete Cranberrys und frische Gurke runden das Gericht in harmonischer Vollendung ab.

Für 4 Personen
Zubereitungszeit: 45 Minuten

Zutaten

4 Maishähnchenbrüste (à 160 g)
1 TL edelsüßes Paprikapulver
Salz
frisch gemahlener schwarzer Pfeffer
4 EL Olivenöl
2 Zwiebeln
250 g Couscous
1 Salatgurke
4 Stängel frische Minze
200 g Joghurt (3,5 %)
80 g getrocknete Cranberrys
Saft von ½ Zitrone
1 Prise Cumin

- Die Hähnchenbrüste rundherum mit Paprikapulver, Salz und Pfeffer würzen.

- 2 EL Olivenöl in einer Pfanne erhitzen und die Hähnchenbrüste darin von jeder Seite 2 Minuten scharf anbraten, die Temperatur reduzieren und das Fleisch 5–6 Minuten in der Pfanne gar ziehen lassen.

- Die Zwiebeln abziehen und fein würfeln. In einem Topf im restlichen Olivenöl glasig anschwitzen. Dann den Couscous hinzufügen, mit 250 ml Wasser aufgießen und aufkochen. Von der Herdplatte nehmen und den Couscous abgedeckt 10–15 Minuten ziehen lassen.

- Die Gurke schälen, in Viertel schneiden, die Kerne mithilfe eines Löffels entfernen und das Fruchtfleisch in Würfel schneiden. Die Minze waschen, trockenschütteln, die Blättchen abzupfen und in Streifen schneiden.

- Den Joghurt und die Minzstreifen verrühren und mit Salz und Pfeffer würzen. Den Couscous mit einer Gabel auflockern, mit den Gurkenwürfeln und den Cranberrys vermischen. Mit Salz, Pfeffer, Zitronensaft und Cumin abschmecken.

- Die Maishähnchen mit Couscous und Minzjoghurt servieren.

Kalbskarree mit Meerrettich und Bete

Auch Sie können zum Meisterkoch werden! Mit diesem Gericht servieren Sie Ihrer Familie einen wunderbaren Hauptgang und zeigen all das kulinarische Können, das in Ihnen steckt.

Für 4 Personen
Zubereitungszeit: 55 Minuten

Zutaten

2 cm Meerrettich, frisch gerieben
2 Knoblauchzehen, fein gehackt
2,2 kg Kalbskarree
Salz
frisch gemahlener schwarzer Pfeffer
2 Bund frischer Salbei
1 kg Gelbe und Rote Bete
5 Schalotten
100 ml Aceto balsamico
200 ml Rotwein
50 g brauner Zucker
1 EL ungesüßter Kakao

Den Backofen auf 220 °C Ober-/Unterhitze vorheizen. Meerrettich und Knoblauch im Mörser fein mahlen. Das Kalbskarree mit der Mischung einreiben und mit Salz und Pfeffer würzen.

Salbeistängel in einen großen Bräter geben und das Fleisch daraufsetzen. Gelbe und Rote Beten putzen und halbieren, die Schalotten abziehen. Beten, Schalotten, Essig, Rotwein, Zucker und Kakao vermengen und in den Bräter geben.

Im Ofen 20 Minuten backen, die Temperatur auf 180 °C Ober-/Unterhitze reduzieren und weitere 30–40 Minuten backen.

Das Kalbskarree aus dem Ofen nehmen, aufschneiden und mit den geschmorten Beten servieren.

Rumpsteaks mit Tomatenchutney und Thymian-Knoblauch-Butter

Lust auf etwas Herzhaftes? Und etwas Fruchtiges? Dann probieren Sie mal Rumpsteak. Aber eben nicht mit den typischen Beilagen wie Kräuterbutter und Sahnemeerrettich, sondern mit einem aromatischen Tomatenchutney.

Für 4 Personen
Zubereitungszeit: 35 Minuten

Zutaten

Für das Chutney

500 g Strauchtomaten
3 Stängel frischer Thymian
Abrieb von ½ unbehandelten Zitrone
1 TL Koriandersamen
1 Zwiebel, gewürfelt
125 ml Apfelessig
60 g Zucker
Salz
frisch gemahlener schwarzer Pfeffer

Für die Rumpsteaks

2 TL Senfkörner
1 TL Fenchelsamen
1 EL grobes Meersalz
½ TL scharfer Pfeffer
4 Rumpsteaks (à 150 g)
2 EL Olivenöl

Für die Thymian-Knoblauch-Butter

3 Stängel frischer Thymian
80 g Butter
2 Knoblauchzehen, angedrückt

Die Strauchtomaten waschen, den Stielansatz entfernen und das Fruchtfleisch in grobe Würfel schneiden. Den Thymian waschen, trockenschütteln und die Blättchen abzupfen. Thymian, Zitronenabrieb und Koriandersamen im Mörser mischen und zerkleinern. Tomaten, Zwiebel, die Gewürzmischung, Apfelessig und Zucker in einem Topf 15–20 Minuten einkochen. Mit Salz und Pfeffer abschmecken.

Die Senfkörner und Fenchelsamen in einer Pfanne ohne Fett rösten. Die heißen Samen mit Meersalz und Pfeffer im Mörser fein zerkleinern. Die Rumpsteaks mit der Gewürzmischung einreiben. Das Olivenöl in einer Grillpfanne erhitzen und die Steaks darin von jeder Seite 3 Minuten braten. In der heißen Pfanne 2 Minuten ruhen lassen.

Thymian waschen, trockenschütteln und die Blättchen abzupfen. Butter in einer Pfanne schmelzen. Thymian und Knoblauch hinzufügen und heiß über die Rumpsteaks geben. Das Tomatenchutney heiß oder kalt dazu reichen.

Portwein-Entenbraten mit Dinkel-Paprika-Gemüse

Auch eine Ente braucht Alkohol. Klingt komisch? Ist aber so! Denn durch den Portwein bekommt der Braten einen einzigartigen Geschmack. Die Beilage aus Paprika und Dinkel sorgt für ein langes Sättigungsgefühl.

Für 4 Personen
Zubereitungszeit: 120 Minuten

Zutaten

1 Ente (ca. 1,6 kg)
200 ml roter Portwein
50 ml Brandy
4 EL Olivenöl
Salz
frisch gemahlener schwarzer Pfeffer
50 g Butter
1 Zwiebel, gewürfelt
2 Knoblauchzehen, angedrückt
2 rote Paprikaschoten, grob gewürfelt
200 g Dinkel
100 ml trockener Weißwein
300 ml Entenbrühe

Den Backofen auf 220 °C Ober-/Unterhitze vorheizen. Die Ente putzen und die Innereien entfernen. Portwein, Brandy, Olivenöl, 1 TL Salz und ½ TL Pfeffer vermischen. Die Ente damit einreiben und 1 Stunde im Kühlschrank marinieren. Die Entenbeine mit Küchengarn zusammenbinden.

Die Butter in einer Pfanne zerlassen. Zwiebel, Knoblauchzehen und Paprikawürfel darin 2 Minuten anschwitzen. Dann den Dinkel zufügen und mit Weißwein ablöschen. Den Wein einkochen lassen und mit der Entenbrühe auffüllen.

Die Dinkel-Gemüse-Mischung in einem Bräter verteilen und die Ente daraufsetzen. Mit Alufolie abgedeckt 50–60 Minuten im Ofen schmoren. Die Alufolie abnehmen, 25 Minuten knusprig backen und servieren.

Rosmarin-Lammkeule mit Zaziki

Eine Lammkeule zubereiten – das klingt schwerer, als es tatsächlich ist. Mit diesem Gericht können Sie Ihrer Familie oder Ihren Gästen beweisen, dass Kochen einfach und das Ergebnis eine Wonne für den Gaumen ist.

Für 4 Personen
Zubereitungszeit: 120 Minuten

Zutaten

Für die Rosmarin-Lammkeule

1 Lammkeule
Salz
4 Stängel frischer Rosmarin
4 Knoblauchzehen, in Scheiben geschnitten

Für das Zaziki

2 Schlangengurken
350 g griechischer Naturjoghurt
1 Knoblauchzehe, gepresst
Saft von ½ Zitrone
Salz

- Die Lammkeule mit 3 EL Salz kräftig würzen und 20 Minuten im Kühlschrank ruhen lassen.

- Den Backofen auf 220 °C Ober-/Unterhitze vorheizen. Das Salz von der Lammkeule entfernen und mit einem dünnen Küchenmesser die Haut der Keule in gleichmäßigen Abständen einschneiden. Den Rosmarin waschen, trockenschütteln und in 3 cm große Stücke schneiden. Jeweils eine Knoblauchscheibe und ein Rosmarinstück in die Einschnitte schieben.

- Die Keule in einen Bräter legen und 20 Minuten im Ofen garen. Dann die Temperatur auf 180 °C Ober-/Unterhitze reduzieren und die Keule 60 Minuten weitergaren.

- Für das Zaziki die Gurken raspeln und über einem Sieb 3 Minuten abtropfen lassen. Gurken, Joghurt und Knoblauch vermengen. Mit ein paar Spritzern Zitronensaft und Salz abschmecken. Die Lammkeule in Tranchen schneiden und mit dem Zaziki servieren.

Lamm mit Selleriecreme und Zitrone

Das Fleisch saftig und innen schön rosa. Und als i-Tüpfelchen aromatische Selleriecreme und spritzige Zitrone ... Haben Sie auch direkt Appetit? Dann schnell ran an die Töpfe!

Für 4 Personen
Zubereitungszeit: 40 Minuten

Zutaten

600 g Lammrücken
2 Knoblauchzehen
4 Stängel frischer Rosmarin
2 EL Olivenöl plus etwas zum Beträufeln
500 g Sellerieknolle
200 g mehligkochende Kartoffeln
Salz
150 ml Milch
30 g Butter
Abrieb von 1 unbehandelten Zitrone
frisch geriebene Muskatnuss
frisch gemahlener schwarzer Pfeffer

- Den Backofen auf 160 °C Ober-/Unterhitze vorheizen. Den Lammrücken in vier Portionen schneiden. Die Knoblauchzehen abziehen und in Scheiben schneiden. Den Rosmarin waschen, trockenschütteln und die Nadeln abzupfen.

- 2 EL Olivenöl in einer Pfanne erhitzen. Darin den Lammrücken portionsweise mit Knoblauch und Rosmarin von jeder Seite 3 Minuten scharf anbraten, dann im vorgeheizten Ofen 10 Minuten gar ziehen lassen.

- Sellerie und Kartoffeln schälen und in grobe Würfel schneiden. Beides zusammen in kochendem Salzwasser weich kochen. Das Wasser abschütten und Kartoffeln und Sellerie im Topf lassen. Die Milch mit der Butter und dem Zitronenabrieb aufkochen, mit Salz und Muskat würzen. Die heiße Milch über die Kartoffeln und den Sellerie gießen und mit einem Pürierstab kräftig mixen, bis eine Creme entsteht.

- Das Lamm in Tranchen schneiden und auf der Selleriecreme anrichten. Mit Olivenöl beträufelt und mit Pfeffer bestreut servieren.

Tipp: Die Zitronengarnelen schmecken wunderbar mit Baguette und salziger Butter oder zu Linguine.

Rosmarinschnitzel mit gebackenen Kartoffeln

Was passt besser zu Fleisch als Rosmarin und Kartoffeln? Nun gut, es gibt sicher einige wunderbare Varianten. Aber hier harmonieren die goldbraun gebratenen Kartoffeln und das feine Rosmarinaroma einfach perfekt mit dem saftigen Fleisch.

Für 4 Personen
Zubereitungszeit: 40 Minuten

Zutaten

4 Kalbsschnitzel (à 180 g)
4 Stängel frischer Rosmarin
8 Scheiben Speck
4 TL Honig
Salz
400 g kleine festkochende Kartoffeln
400 g Tomaten
2 Knoblauchzehen
4 EL Olivenöl
frisch gemahlener schwarzer Pfeffer
Saft und Abrieb von 1 unbehandelten Orange
Zucker

Den Backofen auf 180 °C Ober-/Unterhitze vorheizen. Die Schnitzel zwischen zwei Lagen Klarsichtfolie mit einem Plattiereisen flach klopfen. Rosmarin waschen, trockenschütteln, die Nadeln abzupfen und grob hacken. Die Speckscheiben halbieren.

Jedes Schnitzel zur Hälfte mit Speck belegen und mit Rosmarin bestreuen. Jeweils 1 TL Honig darüberträufeln. Salzen, zusammenklappen und mit Holzspießen feststecken.

Die Kartoffeln halbieren, auf der Schnittfläche salzen, auf ein mit Backpapier belegtes Backblech legen und 35 Minuten auf der mittleren Schiene backen.

Die Tomaten waschen, vom Stielansatz befreien und in Würfel schneiden. Die Knoblauchzehen abziehen und fein hacken. Das Olivenöl in einer Pfanne erhitzen und die Schnitzel darin von jeder Seite 1–2 Minuten scharf anbraten. Mit Pfeffer würzen und aus der Pfanne nehmen.

Tomaten, Knoblauch, Orangensaft und -abrieb in die Pfanne mit dem Bratensud geben und 2 Minuten kochen. Mit Salz, Pfeffer und Zucker abschmecken. Die Schnitzel mit den Kartoffeln und der Tomatensauce servieren.

Dorade mit Zuckererbsen und Rosmarinkartoffeln

Ohne viel Aufwand zu leckerem Genuss: Mit diesem Rezept zaubern Sie nicht nur ein leckeres Essen, sondern haben direkt auch Urlaubsfeeling auf der Zunge.

Für 4 Personen
Zubereitungszeit: 80 Minuten

Zutaten

4 kleine Doraden (à 160 g)
Salz
3 Knoblauchzehen
4 EL Olivenöl
450 g kleine festkochende Kartoffeln
4 Stängel frischer Rosmarin
300 g Zuckererbsen
2 unbehandelte Zitronen
frisch gemahlener weißer Pfeffer

Die Doraden ausnehmen und kräftig von innen und außen salzen. Die Knoblauchzehen abziehen und andrücken. Eine ofenfeste Form mit Knoblauch und Olivenöl einreiben. Den Backofen auf 180 °C Ober-/Unterhitze vorheizen.

Die Kartoffeln halbieren, salzen und in der Form verteilen. Den Rosmarin waschen, trockenschütteln, die Nadeln abzupfen und über die Kartoffeln streuen. Die Fische hineinlegen und mit 2 EL Olivenöl beträufeln.

Die Zuckererbsen in kochendem Salzwasser blanchieren und in Eiswasser abschrecken. Die Zitronen gut abbrausen, in Viertel schneiden und beiseitestellen. Die Fische im Ofen 50 Minuten backen. Die Zuckererbsen im restlichen Olivenöl dünsten und mit Salz und Pfeffer abschmecken.

Die Doraden mit Kartoffeln, Zitronenvierteln und Zuckererbsen heiß servieren.

Garnelen mit Zitronenknoblauch

Ein bisschen Meeresbrise auf dem Teller – das klingt doch verführerisch. Gut, dass es dieses Rezept gibt! Denn Meeresfrüchte und Knoblauch verbinden sich hier zu einer unwiderstehlichen Liaison mit spritziger Note.

Für 4 Personen
Zubereitungszeit: 20 Minuten

Zutaten

500 g Garnelen
2 EL Olivenöl
2 Knoblauchzehen, in Scheiben geschnitten
Abrieb von 1 unbehandelten Zitrone
Meersalz
frisch gemahlener schwarzer Pfeffer

Die Garnelen aus der Schale lösen, am Rücken entlang aufschneiden und den Darm entfernen. Die Garnelen unter fließendem Wasser abwaschen und trockentupfen.

Das Olivenöl in einer Pfanne erhitzen und die Garnelen darin 4–5 Minuten braten. Knoblauch und Zitronenabrieb hinzufügen, 1 Minute anschwitzen und mit Salz und Pfeffer gewürzt servieren.

Tipp: Die Zitronengarnelen schmecken wunderbar mit Baguette und salziger Butter oder zu Linguine.

Desserts & Getränke

Die Krönung eines guten Essens ist und bleibt das Dessert. Darin sind sich wohl alle einig – nicht nur Naschkatzen. Schokoladencreme im Glas, frische Orangen mit Meersalz oder Feigen in Cassis sind einfache und würdige Abschlüsse jeder gemeinsamen Mahlzeit. Und natürlich darf der italienische Klassiker Tiramisu nicht fehlen.

Ricottacreme mit Brombeeren

Passend für den Sommer: ein locker-leichtes Dessert, das ohne großen Aufwand gelingt und schnell gezaubert ist. Sozusagen Italienisch für Anfänger.

Für 4 Personen
Zubereitungszeit: 10 Minuten

Zutaten

250 g Ricotta
Saft und Abrieb von ½ unbehandelten Zitrone
60 g Zucker
3 Blatt Gelatine, eingeweicht
125 g süße Sahne
100 g Brombeeren

- Den Ricotta mit Zitronensaft, Zitronenabrieb und Zucker in einer Schüssel glatt rühren. Die Gelatine ausdrücken und über einem Wasserbad auflösen. Die Sahne steif schlagen.

- Die flüssige Gelatine in dünnem Strahl in die Ricottamasse gießen und verrühren. Die steife Sahne unterheben und die Creme sofort auf Gläser verteilen. Die Ricottacreme 20 Minuten kalt stellen.

- Brombeeren verlesen, waschen und auf Küchenpapier abtropfen lassen. Die Ricottacreme mit den Brombeeren servieren.

Orangencarpaccio mit Honig, Olivenöl und Salz

Dieses Orangencarpaccio hat von allem ein bisschen: Süße, Säure, etwas leicht Bitteres und etwas Salziges. Und dann noch eine tolle Farbe. Ruck, zuck zu machen und ganz groß im Geschmack.

Für 4 Personen
Zubereitungszeit: 10 Minuten

Zutaten

4 Orangen
4 TL Honig
4 TL Olivenöl
Meersalz
4 Stängel Zitronenverbene

Die Schale der Orangen mit einem Messer rundherum so abschneiden, dass auch die weiße Haut komplett entfernt ist. Dann die Früchte in Scheiben schneiden.

Die Scheiben in Schüsseln verteilen und mit Honig und Olivenöl beträufeln. Zum Servieren leicht mit Salz bestreuen und mit Zitronenverbene garnieren..

Biscottini mit Mandeln

Biscottini. Das klingt nach Sommer und Sonnenschein. Nach einer Espresso-Pause auf einer italienischen Piazza. Nach Dolcefarniente. Dabei bedeutet dieses kleine Wort nichts anderes als »Gebäck«. Aber ist es nicht toll, dass man direkt an so viel Wunderbares denkt?

Ergibt 20 Stück
Zubereitungszeit: 50 Minuten

Zutaten

150 g Weizenmehl (Type 1050) plus etwas für die Arbeitsfläche
50 g Kakaopulver
½ TL Backpulver
100 g Zucker
1 Prise Salz
2 Eier
60 g ganze Mandeln

Das Mehl sieben. Mehl, Kakao, Backpulver, Zucker und Salz in einer Schüssel mischen. Die Eier zur Mehlmischung geben und gut vermengen, bis ein fester Teig entsteht. Die Mandeln hineinkneten und den Teig in Frischhaltefolie gewickelt 30 Minuten kalt stellen.

Den Backofen auf 180 °C Ober-/Unterhitze vorheizen.

Etwas Mehl auf die Arbeitsfläche streuen und aus dem Teig 3 cm dicke Stangen rollen. Mit der Hand etwas flach drücken. Die Stangen auf ein mit Backpapier belegtes Backblech legen und 25 Minuten backen.

Die Stangen aus dem Backofen nehmen und auskühlen lassen. Mit einem langen Sägemesser schräg in Biscottini schneiden.

Schokoladen-Grieß-Creme mit Mandeln und Orangen

Schon mal Grießtörtchen probiert? Fluffig-weich von innen und verführerisch-schokoladig vom Kakao. Das Herz von Schokoliebhabern wird auf jeden Fall höherschlagen.

Für 12 Förmchen (à 100 ml Inhalt)
Zubereitungszeit: 50 Minuten

Zutaten

250 ml Milch (3,5 %)
85 g Butter plus etwas für die Förmchen
40 g Zucker
75 g Hartweizengrieß
40 g Zartbitterkuvertüre
2 Eier
1 EL Vanillezucker
Abrieb von ½ unbehandelten Orange
2 Orangen
50 g Mandelblättchen

In einem Topf die Milch mit der Butter und dem Zucker aufkochen, bis die Butter komplett geschmolzen ist. Den Hartweizengrieß langsam einrieseln lassen und mit einem Holzlöffel verrühren. Den Grieß bei geringer Temperatur 10 Minuten quellen lassen, dabei immer wieder umrühren.

Die Zartbitterkuvertüre fein hacken und in den heißen Grieß geben. Rühren, bis sich die Kuvertüre ganz aufgelöst hat. Den Topf von der Herdplatte nehmen.

Den Backofen auf 180 °C Ober-/Unterhitze vorheizen.

Die Eier aufschlagen und rasch nacheinander mit einem groben Schneebesen in die Grießmasse rühren. Vanillezucker und Orangenabrieb hinzufügen. Die Grießcreme in mit Butter gefettete Förmchen füllen und 15–20 Minuten backen.

Die Orangen filetieren. Die gebackene Creme aus dem Ofen nehmen und aus den Förmchen lösen. Die Mandelblättchen in einer beschichteten Pfanne ohne Fett goldbraun rösten und über die Grießcreme streuen. Mit den Orangenfilets servieren.

Schokoladencreme mit Johannisbeeren

Einer Schokoladencreme widerstehen? Das ist schwer. Sehr schwer! Ganz besonders wenn sie wie hier mit leicht säuerlichen Johannisbeeren eine harmonische Verbindung eingeht.

Für 4 Personen
Zubereitungszeit: 40 Minuten + 4 Stunden Kühlzeit

Zutaten

120 g Zartbitterkuvertüre
1 EL Honig
2 Eier
60 g Zucker
90 g weiche Butter
40 g Kakaopulver
70 g Crème fraîche
100 g Johannisbeeren

Die Zartbitterkuvertüre hacken und mit dem Honig in einer Schüssel über einem Wasserbad schmelzen. Eier und Zucker mit dem Handmixer 4 Minuten auf höchster Stufe über dem Wasserbad cremig schlagen.

Die flüssige Kuvertüre in die Ei-Zucker-Masse gießen und verrühren. Butter, Kakao und Crème fraîche unterheben und gut verrühren.

Die Schokoladencreme in kleine Gläser füllen und 4 Stunden im Kühlschrank fest werden lassen

Die Johannisbeeren von den Rispen zupfen, verlesen, waschen und auf Küchenpapier abtropfen lassen. Schokoladencreme mit den Johannisbeeren servieren.

Orangen-Crème-brûlée

Eine Crème brûlée ist der krönende Abschluss einer kulinarischen Reise nach Frankreich. In dieser Version verbindet sich die Frische der Orange mit der zarten Cremigkeit zu einem sommerlichen Geschmackserlebnis.

Für 8 feuerfeste Förmchen (à 150–200 ml Inhalt)
Zubereitungszeit: 90 Minuten

Zutaten

1 Vanilleschote
Abrieb von 1 unbehandelten Orange
30 g Puderzucker
125 ml Milch (3,5 %)
350 g süße Sahne
4 Eigelb
1 EL Orangenlikör
3 TL brauner Zucker

- Die Vanilleschote längs halbieren und das Mark herauskratzen. Die Schale der Orange fein abreiben. Puderzucker, Milch und Sahne mit Vanillemark, Vanilleschote und Orangenabrieb unter Rühren aufkochen. 20 Minuten ziehen lassen.

- Den Backofen auf 140 °C Ober-/Unterhitze vorheizen.

- Das Eigelb verquirlen. Die Sahnemischung durch ein feines Sieb zum Eigelb gießen und mit dem Stabmixer gut durchmixen. Die Masse mit Orangenlikör abschmecken und bis knapp unter den Rand in acht feuerfeste Förmchen gießen und in eine Auflaufform stellen. So viel heißes Wasser in die Auflaufform gießen, dass die Förmchen bis 2 cm unter den Rand im heißen Wasserbad stehen.

- Die Crème brûlée auf der untersten Schiene des Ofens 60–70 Minuten stocken lassen. Aus dem Ofen nehmen und abkühlen lassen.

- Direkt vor dem Servieren die Crème brûlée gleichmäßig mit dem braunen Zucker bestreuen und mit einem Crème-brûlée-Brenner goldbraun abflämmen, bis der Zucker hellbraun karamellisiert. Dann sofort servieren.

Tipp: Schütteln Sie sanft die Förmchen. Hat die Masse die Konsistenz einer Götterspeise, ist sie perfekt.

Feigen in Cassis

Feigen machen Urlaub in Cassis – und damit meinen wir nicht die Stadt an der Calanque-Küste. Diese leckere Kombination macht das Dessert doppelt fruchtig und passt so perfekt zu lauen Sommerabenden.

Für 4 Personen
Zubereitungszeit: 20 Minuten

Zutaten

250 g schwarze Johannisbeeren
80 g Zucker
5 cl Cassis-Likör
1 Prise Zimt
Abrieb von ½ unbehandelten Orange
18 frische Feigen

- Johannisbeeren von den Rispen lösen, verlesen, waschen und auf Küchenpapier abtropfen lassen.

- Zucker, Johannisbeeren und Cassis-Likör in einem Topf aufkochen und mit einem Pürierstab mixen. Zimt und Orangenabrieb hinzufügen. Die Feigen vierteln und in dem warmen Fond ziehen lassen.

- Jeweils acht Viertel pro Portion in kleinen Schälchen anrichten und servieren.

Schokoladeneis mit Sabayon

Sabayon ist sozusagen die französische Schwester der italienischen Zabaione, der beliebten luftig-schaumigen Weißweincreme. Kombiniert mit Schokoladeneis servieren Sie ein raffiniertes Dessert, von dem man einfach nicht genug bekommen kann.

Für 4 Personen
Zubereitungszeit: 20 Minuten

Zutaten

100 g Zucker
3 Eigelb
125 ml Weißwein
4 Kugeln Schokoladeneis

Zucker, Eigelb und Weißwein in einer Metallschüssel verrühren. Die Schüssel über ein Wasserbad stellen. Die Masse mit einem Schneebesen so lange über dem Wasserbad aufschlagen, bis eine cremige Schaumsauce entsteht.

Das Schokoladeneis mit der warmen Sabayon servieren.

Tiramisu

Tiramisu ist das wohl schönste Geschenk der italienischen Küche an Dessertliebhaber weltweit – Schicht für Schicht, Löffel für Löffel ein purer Genuss.

Für 1 Auflaufform (20 × 30 cm)
Zubereitungszeit: 30 Minuten + 3 Stunden Kühlzeit

Zutaten

300 g Mascarpone
200 g Quark (40 %)
60 g Puderzucker
Abrieb von ½ unbehandelten Zitrone
100 ml kalter Kaffee
4 cl Amaretto
200 g Löffelbiskuit

Mascarpone und Quark in einer Schüssel mit dem Handmixer auf höchster Stufe 3 Minuten schlagen. Dabei den Puderzucker und den Zitronenabrieb hinzufügen. Kaffee und Amaretto mischen.

Die Auflaufform mit einer Schicht Löffelbiskuit auslegen und mit der Kaffeemischung beträufeln. Die Hälfte der Mascarponecreme daraufstreichen. Mit einer weiteren Schicht Löffelbiskuit belegen und mit der Kaffee-Amaretto-Mischung beträufeln. Die restliche Mascarponecreme daraufstreichen und mit Kakaopulver bestreuen.

Das Tiramisu 3 Stunden kalt stellen. Zum Servieren jeweils eine Portion Tiramisu herausstechen und auf Tellern anrichten.

Florentiner

Florentiner sind ein rundum köstliches Vergnügen – nicht nur in Italien. Namensgeber ist übrigens die Stadt Florenz, wo ein Konditormeister einst das leckere Gebäck erfand.

Ergibt etwa 30 Stück
Zubereitungszeit: 20 Minuten

Zutaten

200 g Butter
2 EL Honig
175 g Zucker
60 g süße Sahne
50 g Zitronat
50 g Orangeat
125 g Mandelblätter
100 g Weizenmehl (Type 1050)

- Den Backofen auf 200 °C Ober-/Unterhitze vorheizen.
- Butter, Honig, Zucker und Sahne in einem Topf aufkochen. Zitronat und Orangeat fein hacken und untermengen. Die Mandelblättchen vorsichtig unterheben. Das Mehl sieben und vorsichtig in die Masse einrühren.
- Den Teig dünn auf ein mit Backpapier belegtes Blech gießen und 10 Minuten auf der mittleren Schiene backen. Die Florentiner aus dem Ofen nehmen und auskühlen lassen.
- Zum Servieren in Stücke brechen.

Sangría mit Früchten

Nicht zu süß, dafür unglaublich fruchtig: Selbst gemacht wird aus dem typischen spanischen Getränk eine wunderbare Erfrischung für heiße Sommertage.

Für 4 Personen
Zubereitungszeit: 10 Minuten

Zutaten

200 ml Orangensaft
400 ml Rotwein (trockener Landwein)
100 g Zucker
50 ml Cointreau
1 Prise Zimt
1 Zitrone
1 Grapefruit
1 Orange
1 Apfel
1 Birne
1 Pfirsich
½ Bund frische Minze

- Orangensaft und Rotwein in einer Schüssel verrühren. Zucker, Cointreau und eine Prise Zimt hinzufügen.

- Zitrone, Grapefruit und Orange schälen und filetieren. Apfel, Birne und Pfirsich waschen und in Spalten schneiden. Die Minze waschen, trockenschütteln und die Blättchen abzupfen.

- Alle Zutaten in die Schüssel geben und mindestens 1 Stunde ziehen lassen.

- Zum Servieren die Früchte mit einem Schaumlöffel auf Schalen verteilen und mit Sangría übergießen.

Einfach & anders

160 Seiten
ca. 120 Abb.
19,0 x 28,5 cm
Klappenbroschur

ISBN 978-3-86244-480-9

ISBN: 978-3-86244-696-4

ISBN 978-3-86244-346-8

ISBN 978-3-86244-675-9

ISBN: 978-3-86244-134-1

ISBN 978-3-86244-829-6

ISBN 978-3-86244-226-3

ISBN 978-3-86244-678-0

ISBN 978-3-86244-588-2

ISBN 978-3-86244-757-2

ISBN 978-3-86244-572-1

ISBN 978-3-86244-319-2

e Auch als eBook erhältlich

Alle Titel der Reihe erhältlich in Ihrer Buchhandlung oder unter
www.christian-verlag.de

CHRISTIAN